TERAPIAS NATURALES

Erika Dillman

Conozca el método
Pilates

ONIRO

Título original: *The Little Pilates Book*
Publicado en inglés por Warner Books, Inc., New York, New York, USA
All rights reserved

Traducción de Joan Carles Guix

Diseño de cubierta: Valerio Viano

Ilustraciones del interior: Jim Chow

Distribución exclusiva:
Ediciones Paidós Ibérica, S.A.
Mariano Cubí 92 - 08021 Barcelona - España
Editorial Paidós, S.A.I.C.F.
Defensa 599 - 1065 Buenos Aires - Argentina
Editorial Paidós Mexicana, S.A.
Rubén Darío 118, col. Moderna - 03510 México D.F. - México

© 2001 by Erika Dillman

© 2003 exclusivo de todas las ediciones en lengua española:
Ediciones Oniro, S.A.
Muntaner 261, 3.º 2.ª - 08021 Barcelona - España
(oniro@edicionesoniro.com - www.edicionesoniro.com)

ISBN: 84-9754-060-3
Depósito legal: B-10.546-2003

Impreso en Hurope, S.L.
Lima, 3 bis - 08030 Barcelona

Impreso en España - *Printed in Spain*

Para Maddie y Jack

Índice

Agradecimientos

Me gustaría dar las gracias a las siguientes personas por su contribución a *Conozca el método Pilates*:

Mi agente Anne Depue y mi editora Diana Baroni, así como a su ayudante editora Molly Chehak, por creer en mis libros.

Los monitores del método Pilates que tan generosamente compartieron conmigo su tiempo y experiencia: Jane Erskine, Lauren Stephen, Stephanie Cusik y Patricia Kaminski.

Mis amigos Eileen McKeough, Kathy Mack y Terence Pagard por sus sugerencias editoriales y por probar todos los ejercicios.

Joan Breibart, presidenta del PhysicalMind Institute, por facilitar información de investigación.

Jim Chow por sus espléndidas ilustraciones.

Mis amigos y familia por su ánimo y apoyo.

Bienvenido a
Conozca el método Pilates

Si estás interesado en la salud y el fitness, es probable que hayas oído hablar del «nuevo» ejercicio llamado Pilates, y tal vez te estés preguntando si podría resultar adecuado para ti.

Desde luego, los beneficios derivados de la práctica de los ejercicios de Pilates dan la impresión de ser demasiado buenos como para ser ciertos: conseguir un estómago más liso y fuerte, una mejor postura, una reducción del dolor en la región lumbar y el desarrollo de un cuerpo fuerte y en plena forma sin necesidad de cultivar una voluminosa musculatura.

Así pues, ¿cómo podrías empezar? ¿Quién puede practicar el método Pilates? ¿Es difícil de aprender? ¿Se puede hacer en casa?

Mi objetivo consiste en responder a estas preguntas tan habituales y explicar los conceptos fundamentales del método de ejercicios de Pilates de la forma más simple y llana posible. Este libro está dirigido a cualquier persona, independientemente de su edad, sexo o experiencia, que desee mejorar su nivel de fitness y disfrutar de una mejor salud. Además de aprender a realizar los ejercicios de Pilates, confío en que llegues a comprender mejor cómo funciona tu cuerpo durante el movimiento, para que puedas empezar a sentar las bases de una vida de fitness.

En *Conozca el método Pilates* te enseñaré cuáles son las diferentes aplicaciones de los ejercicios de Pilates, cómo empezar a trabajar con su propia rutina de colchoneta, los beneficios que puedes obtener con una práctica regular en casa, cómo desarrollar unos «abdominales fabulosos» y algunos de los principios esenciales de la postura y la alineación. También he incluido definiciones de términos comunes en el método Pilates, además de instrucciones para la realización de un trabajo completo de colchoneta, entre las que figuran diversos consejos para que comprendas mejor los movimientos y posiciones de cada ejercicio.

Al igual que ocurre con cualquier nueva empresa, el proceso que hay que seguir hasta alcanzar un nivel avanzado en la práctica del método Pilates está sometido a una curva de aprendizaje. No te apresures, ten paciencia, no te sometas a sobreesfuerzos innecesarios y, sobre todo, diviértete. Espero que este libro te ayude a que la transición sea más suave. Con perseverancia y práctica, también tú serás capaz de vivir la vida con fuerza y delicadeza.

ERIKA DILLMAN

1

Mi viaje Pilates

La primera vez que oí hablar de Pilates, me mostré escéptica. Creí que se trataba de uno de tantos programas de ejercicios que se ponen de moda y que prometen resultados que luego no se cumplen. Asimismo, no tenía ni idea de cómo se pronunciaba «Pilates» hasta que tuve la ocasión de ver el deletreo fonético del término (pi-la-tis) en un artículo de revista.

El hecho de que numerosos bailarines y estrellas de cine se deshicieran en elogios acerca de este método de fitness no hizo sino aumentar mis sospechas. Había visto demasiados anuncios y vídeos en los que personajes famosos de Hollywood pregonaban toda clase de artilugios «milagrosos» para tonificar los abdominales, las nalgas y los muslos... «¡con sólo tres minutos al día!». Por otro lado, ¿quién puede confiar en los bailarines? Pueden hacer cosas con su cuerpo que la gente normal y corriente no podría imaginar jamás. Pilates era simplemente una moda pasajera. No era para mí por lo menos, eso creía.

El ejercicio para mí

No, Pilates no fue para mí... hasta que mi club de fitness abrió un estudio Pilates. La curiosidad jugó a mi favor. Cada vez que pasaba por delante del estudio intentaba ver lo que se hacía allí, pero las mamparas que fragmentaban el espacio de la sala bloqueaban las ventanas con el fin de que los fisgones como yo no molestaran a quienes estaban trabajando.

Más tarde, oí a algunas mujeres hablar de Pilates en el vestuario. Sentí celos. ¿Estarían usando el nuevo estudio? ¿Se lo pasaban bien? ¿Qué tenían a su disposición que yo no pudiera tener? ¿Por qué se estaban familiarizando con el nuevo equipo mientras yo permanecía en un segundo plano? ¿Estarían en mejor forma física que yo? De pronto, mi rutina de ejercicios se me antojó obsoleta e ineficaz. Quería entrar en aquella sala. Era una especie de necesidad vital. Aun así, una parte de mí seguía dudando de que aquél fuera el ejercicio que yo necesitaba. No destaco por la elasticidad ni por la fortaleza física, y no me gusta hacer ejercicio en grupo.

Primera clase

Por fin decidí empezar con una clase colectiva de colchoneta. Al llegar, no tenía ni idea de lo que me esperaba. Eché un vistazo a mis compañeros —cuatro mujeres y un hombre— y llegué a la conclusión de que era más joven y de que estaba en una mejor condición física que la mayoría de ellos. No debía de ser tan difícil.

Durante la hora siguiente, una mujer menuda, fuerte y flexible nos condujo a través de una serie de ejercicios desafiantes. Toda una lección de humildad: los demás en la clase parecían hacer los ejercicios mejor que yo. Tuve algunos problemas en seguir el ritmo y saber si estaba o no realizando correctamente los ejercicios. Por suerte, mi experiencia con el yoga me resultó fundamental, pues muchos de los movimientos parecían muy similares a las posturas del yoga.

Me gustaba que todos los ejercicios que practicábamos los hiciéramos tumbados de espalda, boca abajo o de lado en una gruesa colchoneta. Era estupendo para mí no tener que estar de pie. Tenía diversos problemas de salud, que incluían sinusitis y presión baja, que a menudo me hacían muy difícil realizar ejercicios de pie.

Pero lo que resultó más de mi agrado en relación con Pilates fue que todos los ejercicios se centraban en los abdominales, es decir, en la zona intermedia del cuerpo. Durante varios años me había lamentado de mi vientre voluminoso, pero no había encontrado ejercicios que pudieran resolver aquel problema. Mi ejercicio usual, la carrera, se hallaba temporalmente en dique seco a causa de una lesión en un pie. Por lo demás, las flexiones nunca habían sido santo de mi devoción; ¡las aborrecía!

Al finalizar la clase estaba bastante cansada, ¡pero había conseguido realizar el trabajo sin sentirme humillada ni lesionarme! Tenía la sensación de que el espacio entre la pelvis y la caja torácica se había dilatado, y con la práctica aprendí a dilatar y alargar el torso y a mejorar mi postura. Al día siguiente era evidente que mi cuerpo había recibido una señal para despertar de un largo sueño: tenía agujetas en músculos que ni siquiera sabía que existían.

Frente a frente

Además de asistir a las clases colectivas de colchoneta decidí tomar clases particulares para poder comprender mejor la rutina y mejorar mi forma física.

Trabajar frente a frente con una monitora marcó una gran diferencia en mi proceso de aprendizaje. Me enseñó a realizar correctamente los ejercicios, introduciendo modificaciones en los movimientos cuando era necesario. A pesar del flácido estado de mis abdominales, aprendía con rapidez.

Pilates me permitió tomar consciencia de los desequilibrios de mi cuerpo. Utilizaba en exceso algunos músculos e infrautilizaba otros. Al igual que mucha gente, siempre descuidaba el trabajo de los músculos esenciales. Mi instructora me ayudó a comprender el vínculo entre tener un núcleo fuerte y una buena postura.

Con el tiempo y la práctica, las agujetas postejercicio que había experimentado después de mis primeras clases desaparecieron. En realidad, los músculos no me dolían, pero de algún modo hacían sentir su presencia. Los ejercicios continuaron poniendo a prueba mi capacidad, pero siempre conseguía llegar al término de cada sesión caminando un poco más erguida.

Sin duda alguna, Pilates *era* para mí.

2

¿Qué es Pilates?

El método

Pilates es un método de ejercicios diseñado para acondicionar y conectar el cuerpo y la mente, corregir los desequilibrios musculares, mejorar la postura y tonificar el cuerpo.

Creado por el entrenador de fitness alemán Joseph H. Pilates hace más de setenta años, el método se basa en una combinación de filosofías de ejercicio orientales y occidentales. En efecto, los ejercicios mezclan movimientos similares a los del yoga con técnicas de fortalecimiento para desarrollar unos músculos sin grasas, flexibles y poderosos.

Los ejercicios de Pilates, a los que en ocasiones se denomina «el método», se organizan y practican secuencialmente. Cada ejercicio está vinculado al anterior y parte del mismo para conseguir un fortalecimiento total del cuerpo y una mayor consciencia mente-cuerpo. Los movimientos se practican con control y precisión, haciendo un mayor énfasis en la consecución de una forma correcta que en la realización de interminables repeticiones.

Pilates tiene múltiples aplicaciones. Se puede practicar en una colchoneta y utilizar aparatos de diseño especial. Incluyendo las diferentes aplicaciones y numerosas modificaciones, el método Pilates consta de casi un centenar de ejercicios, aunque para los alumnos en fase de iniciación e intermedia, que es precisamente a quienes va dirigido este libro, sólo son importantes entre veinte y treinta.

El núcleo

El centro de atención primario de Pilates consiste en el fortalecimiento del núcleo del cuerpo, es decir, el área comprendida entre las caderas y el esternón. Con frecuencia, los monitores del método Pilares se refieren a esta zona como la «mansión del poder», puesto que, como ya debes saber, el centro del cuerpo constituye la fuente del poder —energía, potencia—, equilibrio y movimiento.

Entre los músculos del núcleo se incluyen los músculos espinales, los músculos de la cara interior del muslo, los músculos psoas (discurren desde la columna vertebral a través de la pelvis y llegan hasta la cara interior de los muslos, uniendo la mitad superior y la mitad inferior del cuerpo) y cuatro estratos de músculos abdominales. Estos músculos trabajan juntos para soportar la columna vertebral, la cual, a su vez, fomenta una buena postura. Pilates actúa en los estratos más profundos de esta musculatura, así como también en los músculos posteriores del muslo (tendón poplíteo), cuádriceps y glúteos, o músculos de las nalgas (véase el mapa anatómico de la página 19, que muestra la ubicación de diversos grupos musculares básicos).

GRUPOS MUSCULARES BÁSICOS

Figura 2.1

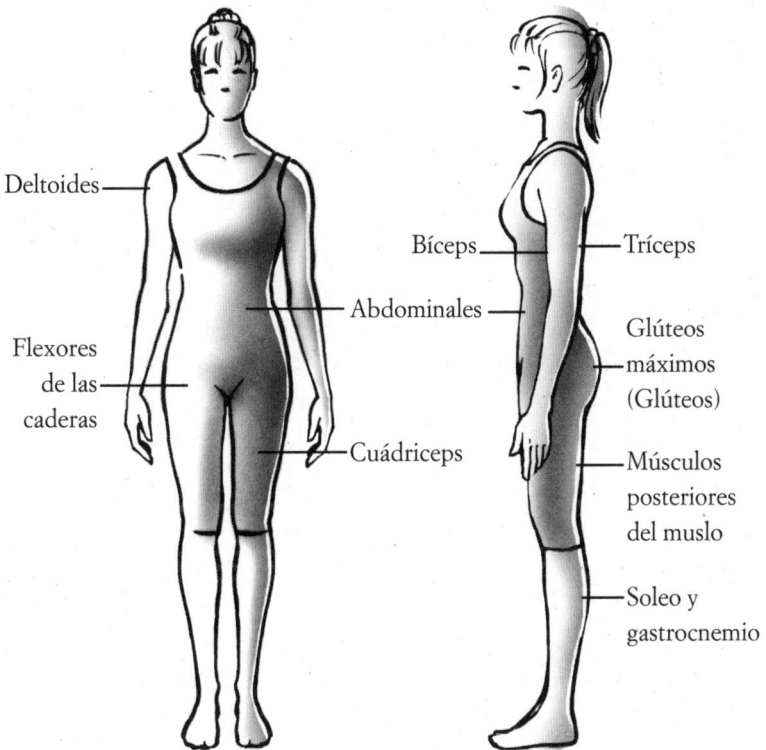

Deltoides

Flexores
de las
caderas

Abdominales

Cuádriceps

Bíceps

Tríceps

Glúteos
máximos
(Glúteos)

Músculos
posteriores
del muslo

Soleo y
gastrocnemio

Cuando el núcleo carece de fortaleza, el torso no dispone de la estabilidad necesaria para acceder plenamente y con eficacia a tu poder y a tu movimiento. En tal caso, dependerás más del brazo, de la pierna o de los músculos de la espalda para soportar tu peso o mantener el equilibrio cuando intentes moverte. Esto significa que las extremidades no son capaces de moverse eficazmente y que la espalda puede estar sometida a una sobrecarga. Con el tiempo, desarrollarás desequilibrios musculares, malos hábitos posturales e incluso dolores lumbares.

La práctica de los ejercicios de Pilates ayudan a fortalecer los músculos del núcleo de una forma uniforme con el fin de proporcionar el soporte y el equilibrio que necesita la columna vertebral para mantener una buena postura. Con una buena postura, las extremidades se pueden mover libremente en toda su extensión. El verdadero objetivo de los ejercicios de Pilates consiste en integrar la fuerza del núcleo con la flexibilidad de las extremidades (y articulaciones) para lograr un trabajo equilibrado y completo a nivel corporal.

Beneficios de la práctica

Hay una razón por la que Pilates se ha popularizado tanto en estos últimos años: funciona. Es un método eficaz de ejercicios que actúa en las áreas del cuerpo que la mayoría de nosotros desearíamos tonificar: el estómago, los muslos y las nalgas. Para realizar los ejercicios de colchoneta no se requiere ningún equipo especial, ni tampoco es necesario ir a un gimnasio.

Mucha gente está cansada de los gimnasios, de horas

y horas saltando, y de dedicar el tiempo a ejercicios que no dan resultado. Pilates les ofrece una rutina de ejercicios focalizada y autodirigida, y los ayuda a estar más en contacto con su cuerpo.

La finalidad principal de Pilates es restaurar el funcionamiento óptimo del cuerpo. Se puede utilizar como un ejercicio de acondicionamiento y como parte de un programa de terapia física de rehabilitación. Si se practica con regularidad y de una forma correcta, Pilates te puede ayudar a obtener muchos beneficios físicos y emocionales, entre los que se incluyen los siguientes:

- Músculos abdominales más fuertes
- Mejor postura
- Menor riesgo de dolores lumbares y otras lesiones
- Aumento de la fuerza general del cuerpo sin desarrollar una musculatura voluminosa
- Incremento de la flexibilidad y movilidad de las articulaciones
- Aumento de la resistencia
- Incremento de la concentración, coordinación y equilibrio
- Aumento de la consciencia mente-cuerpo
- Más confianza
- Más energía
- Contribución a la recuperación de las lesiones

Cuando el cuerpo está fuerte y en equilibrio, sin las limitaciones derivadas de la debilidad y los desequilibrios musculares, caminamos más erguidos y nos movemos con más eficacia y delicadeza. También nos sentimos más confiados y con una mayor seguridad en nosotros mismos. Asimismo, el estómago, los muslos y las nalgas tienen un aspecto más tonificado y más terso.

Si practicas actividades recreativas y deportes con regularidad, la mejora en el equilibrio, fuerza y focalización que puedes conseguir con Pilates te ayudarán a evitar lesiones y a mejorar el rendimiento. Si eres un principiante, comprenderás mejor cómo funciona tu cuerpo y adquirirás un sentido de control sobre el mismo del que tal vez carecías. Mejorar la postura y el nivel de fitness también mejorará tu circulación y respiración, al insuflar nueva energía en el cuerpo y la mente.

¿Quién practica el método Pilates?

Cualquiera que desee mejorar su nivel de fitness, su aspecto físico y su estado general de salud puede practicarlo. Es el ejercicio ideal para hombres, mujeres, adolescentes, personas de la tercera edad, atletas, gente que no haya practicado jamás ninguna actividad física y quienes se estén recuperando de una lesión.

Desde que Pilates se enseñó y practicó por vez primera en Estados Unidos a principios de la década de 1920, innumerables estrellas de cine, bailarines y atletas han confiado ciegamente en este método. Todos, desde Gregory Peck y Katharine Hepburn, hasta Julia Roberts y Glenn Close, pasando por el tenista profesional australiano Pat Cash, han utilizado Pilates como parte de sus programas de fitness.

Los bailarines se han sentido especialmente atraídos por el método Pilates, ya que les permite incrementar su flexibilidad y su fuerza sin el desarrollo de músculos voluminosos. Los atletas suelen recurrir a Pilates para corregir desequilibrios musculares y aumentar su fuerza abdominal y su potencia general. A los actores, cuyo aspecto puede ser crucial para el éxito de su carrera, Pilates les ofrece un trabajo eficaz que puede proporcionarles unos músculos dilatados y tonificados, un estómago más liso y mejorar su agilidad y postura físicas.

El método Pilates es ideal para quienes están sujetos a una agenda muy apretada, ya que se puede practicar en cualquier parte y sólo requiere una sesión de veinte a cuarenta y cinco minutos, un lapso temporal fácil de acomodar a lo largo de la jornada. Las personas que están todo el día sentadas o de pie, o que usan un ordenador, también se pueden beneficiar de Pilates, puesto que los ejercicios contribuyen a contrarrestar el estrés físico y emocional que sufre el cuerpo día a día.

Trabajo de colchoneta de Pilates

Los ejercicios de colchoneta de Pilates están considerados por muchos expertos en esta disciplina como el núcleo esencial del método. Una sesión típica de Pilates podría incluir de diez a veinte ejercicios que se realizan sobre una colchoneta gruesa o en el suelo.

Todos los ejercicios se practican tumbado de espaldas, boca abajo, de lado o a partir de la posición de sentado, evitando así el menor impacto o sobrecarga de las articulaciones. Si has tenido alguna experiencia con el yoga u otras actividades físicas que se realizan sobre una colchoneta, es posible que muchos de los movimientos te parezcan familiares.

Pilates se basa en la teoría de que unos cuantos movimientos ejecutados correctamente rinden beneficios. En consecuencia, durante la práctica sólo repites cada ejercicio un reducido número de veces antes de pasar al siguiente. El desafío del trabajo en la colchoneta de Pilates consiste en concentrarse en cada movimiento para hacer los ejercicios con fluidez, usando el control y la precisión.

Puedes practicar el trabajo de colchoneta en casa, aunque previamente es aconsejable tomar unas cuantas lecciones con un monitor especializado con el fin de aprender a realizar correctamente los ejercicios. Si necesitas una mayor formación, asiste a clases particulares o colectivas de trabajo en la colchoneta en cualquier estudio Pilates o en un club de fitness que ofrezca instrucción en este método.

Cuando hayas aprendido la forma correcta, puedes entrenarte a solas, practicando los ejercicios siempre que dispongas del espacio suficiente para tumbarte en el suelo. Para mucha gente, las clases colectivas constituyen una alternativa mucho más asequible que las clases particulares de trabajo en la colchoneta o de uso de los aparatos. En el capítulo 7 examinaremos más a fondo los diferentes tipos de instrucción del método Pilates.

Pilates, yoga y ejercicio aeróbico

El método Pilates se suele comparar muy a menudo tanto con el yoga como con el entrenamiento de fuerza. Comprender las semejanzas y las diferencias entre Pilates y estos otros dos métodos de ejercicio físico te puede ayudar a determinar mejor lo que deseas obtener con la práctica de este método.

Al igual que el yoga, Pilates está relacionado con la conexión de la mente y el cuerpo; el incremento de la fuerza, el tono y la flexibilidad muscular; el desarrollo de una buena postura; y la mejora de la respiración. La mayoría de la gente acude al yoga por sus beneficios físicos, aunque también existe un elemento espiritual en su práctica que persiguen algunos estudiantes. En su forma más pura, el objetivo de los ejercicios de yoga consiste en preparar el cuerpo para la meditación, aunque la mayoría de las clases que se imparten en Occidente centran principalmente su atención en los aspectos físicos del yoga.

Por otro lado, el método Pilates requiere consciencia durante la práctica, pero los ejercicios constituyen un fin en sí mismos. Su objetivo fundamental consiste en realizar los movimientos de un modo controlado, preciso y fluido. Pilates no guarda ninguna relación con cuestiones espirituales, si bien es cierto que se puede experimentar una elevación espiritual a medida que el practicante adquiere una mayor fuerza física y un estado de forma más completo.

El entrenamiento de fuerza es otro ejercicio incorporado al método Pilates. El levantamiento de pesas, que se suele realizar con máquinas o pesas libres, contribuye a quemar grasas e incrementa la densidad ósea, aunque utiliza el peso corporal para oponer resistencia.

A diferencia del levantamiento de pesas, los ejercicios de Pilates permiten que las extremidades se muevan en toda su extensión, estirando y dilatando los músculos, además de mejorar la movilidad de las articulaciones para conseguir un tipo de fuerza más integrado que se asocia directamente al movimiento.

En el método Pilates, se aíslan distintas partes del cuerpo durante un ejercicio, al tiempo que se estabiliza el cuerpo mediante el uso de los músculos del núcleo. Las posiciones en los ejercicios de Pilates se diseñaron de esta forma para que los movimientos de las extremidades se coordinaran con el centro del cuerpo y fomentaran así movimientos más eficaces y poderosos.

Pilates es un ejercicio completo en sí mismo que complementa otros ejercicios aeróbicos tales como caminar, correr, montar en bicicleta y nadar, además de la práctica deportiva. Realizar una breve rutina de yoga después de una sesión de Pilates constituye una forma extraordinaria de sacar el máximo partido de la fuerza del núcleo y de generar una mayor longitud y flexibilidad musculares. Cuando progreses hasta los niveles intermedio y avanzado, descubrirás que Pilates también puede ser un ejercicio aeróbico. Si estás intentado perder peso, recuerda que tanto la dieta como el ejercicio físico desempeñan una función esencial. La pérdida de peso se produce cuando se queman más calorías de las que se consumen.

Se acabaron las flexiones

No puedo creer que haya alguien a quien le guste hacer flexiones, aunque toda la gente que conozco desearía tener un estómago más liso. Con Pilates puedes acondicionar los músculos abdominales sin realizar docenas de repeticiones ni sobrecargar la nuca.

Los ejercicios de Pilates tales como la Flexión abdominal con extensión hacia delante (p. 98) son mucho más eficaces y seguros que las flexiones. Veamos algunas de las diferencias entre dicho ejercicio y la flexión:

• *Extensión del movimiento*

Las flexiones abdominales con extensión hacia delante desplazan la columna vertebral hasta realizar una flexión completa hacia delante, mientras que las flexiones abdominales propiamente dichas sólo requieren una flexión parcial hacia delante. La flexión completa contribuye a mejorar la extensión del movimiento en la columna y desarrollar más eficazmente los músculos abdominales.

• *Longitud muscular*

La flexión abdominal con extensión hacia delante trabaja los músculos abdominales a diferentes longitudes mientras la columna vertebral se desplaza a lo largo de su extensión completa de movimiento. El resultado son unos músculos dotados de una mayor longitud, control, flexibilidad y resistencia, lo que contribuye a crear un espacio entre la pelvis y la caja torácica, que otorga al practicante un aspecto enjuto y estilizado.

• *Posición*

En la flexión abdominal con extensión hacia delante, los músculos abdominales se usan para impulsar el movimiento a lo largo de todo el ejercicio, al tiempo que la

posición del cuerpo permite que las piernas estén más re-
lajadas. En las flexiones, es fácil depender de los músculos de las piernas o las caderas, o tirar de la cabeza con las
manos, para ejecutar el movimiento.

• *Ritmo*

La flexión abdominal con extensión hacia delante se
realiza más lentamente que las flexiones, dependiendo
del control y la precisión para desplazar el tronco a lo
largo de toda la flexión hacia delante (y de nuevo hacia
atrás, hasta el suelo). Las flexiones se suelen hacer rápidamente, lo cual facilita la relajación de los abdominales
cuando el cuerpo desciende hacia el suelo (pero no hasta el suelo) y la dependencia de la inercia o impulso para
elevar el cuerpo, en lugar de la fuerza o control abdominal.

3

Filosofía y orígenes de Pilates

> *«El fitness físico constituye*
> *el primer requisito de la felicidad.»*
> JOSEPH H. PILATES

Joseph H. Pilates (1880-1967)

Resulta difícil pensar en un entusiasta del ejercicio físico tan ferviente en sus creencias como Joseph Hubertus Pilates, un entrenador de fitness alemán que, a principios de la década de 1900, creó la «contrología», el método de ejercicios que ahora se conoce como Pilates.

Tras una infancia plagada de enfermedades y fragilidad, el joven Pilates, resuelto a convertirse en un hombre fuerte y activo, decidió firmemente dedicarse a desarrollar su débil cuerpo y se convirtió en un practicante experto de diversos deportes, incluyendo el entrenamiento de fuerza, el submarinismo, la gimnasia, el esquí y el boxeo.

Durante este período de transformación física, Pilates empezó a dar forma a su filosofía sobre el ejercicio y la salud. Partiendo de su estudio del yoga, de la acrobacia y de los movimientos de los animales, por citar sólo algunas de sus influencias, desarrolló sus teorías sobre el movimiento y el fitness, combinando filosofías orientales con prácticas y ejercicios occidentales de salud.

Pilates solía decir que sus ideas estaban cincuenta años avanzadas a su tiempo, y en efecto, este mensaje aún sigue siendo una realidad hoy en día. Hojea cualquier revista de salud y fitness y encontrarás el mismo consejo que Pilates ya anunció a principios de la década de 1920: para vivir una vida feliz hay que cuidar el cuerpo y la mente mediante el ejercicio y un estilo de vida saludable.

Return to Life

En su libro de 1945 *Return to Life* (Volver a la vida) Pilates describía con un extraordinario detalle la finalidad y los objetivos de su método de ejercicios. Creía que el estrés de la vida moderna (trabajar en la oficina, vivir en la ciudad, respirar aire contaminado, falta de tiempo social o para relajarse) era muy perjudicial para el fitness físico y el bienestar.

Para Pilates, la búsqueda de la salud y el fitness no era sólo una responsabilidad física y emocional, sino también una responsabilidad moral. Vivía, y citaba a menudo, bajo el lema romano: «*Mens sana in corpore sano*», que significa «una mente sana en un cuerpo sano». Mediante la práctica de su método de ejercicios, la gente podía «retornar a la vida» y recuperar la armonía y el equilibrio del cuerpo, así como la paz y la tranquilidad de la mente.

La contrología, o el método Pilates, como ahora se denomina, era un plan holístico de ejercicios que requería que el individuo asumiera la responsabilidad de su bienestar, incorporándose a un sistema de ejercicios disciplinado y focalizado. El plan de Pilates incluía la realización regular de dichos ejercicios utilizando la concentración, el control y la precisión para ejecutar los diversos movimientos.

Los ejercicios de Pilates estaban diseñados no sólo para fortalecer, estirar y tonificar el cuerpo, sino también para mejorar la respiración, la concentración y la coordinación corporal. Entre los objetivos del método figuraban el incremento de la circulación sanguínea, la corrección de los desequilibrios musculares y posturales, y la recuperación de la vitalidad del cuerpo y la mente. El objetivo fundamental era un cuerpo capaz de resistir el estrés de la vida moderna y con la suficiente energía sobrante para disfrutar del ocio y del tiempo con los amigos y la familia.

El ejercicio era, por supuesto, un elemento central de su plan, pero Pilates también animaba a la gente a adoptar hábitos más saludables, tales como dormir lo suficiente cada noche, destinar un tiempo a la relajación y a reunirse con los amigos, y seguir una dieta sana. Pilates se dio cuenta de que, al envejecer, mucha gente seguía consumiendo los mismos alimentos fuertes y abundantes que cuando llevaban una vida mucho más activa. En su opinión, cada cual debería ingerir sólo la comida suficiente a fin de proporcionar al cuerpo el combustible necesario para realizar sus actividades diarias.

Desarrollo del método

Pilates estudiaba obsesivamente, puliendo constantemente sus ideas y sus métodos para desarrollar lo que consideraba el ejercicio perfecto para el cuerpo y la mente. Durante la primera guerra mundial tuvo la ocasión de probar sus métodos y teorías.

En los años que precedieron a ésta, Pilates residía en Inglaterra, trabajando como entrenador de defensa propia, como boxeador y también como artista de circo. Al estallar la guerra, fue encarcelado junto a otras muchas personas de nacionalidad alemana. En el campo entrenaba a otros internos en su trabajo de colchoneta. Algunos especialistas de todo el mundo en el campo de la salud y el fitness han especulado con la posibilidad de que el programa de ejercicios de Pilates pudiera haber ayudado a los internos a mantenerse fuertes y sanos, protegiéndolos de la epidemia de gripe de 1918. Mientras en Londres morían miles de personas, entre los internos nadie sucumbió a la enfermedad.

Después de la guerra, Pilates regresó a Alemania y trabajó de camillero en un hospital. Durante este período, continuó desarrollando su método de ejercicios. Utilizando los muelles de las camas, se las ingenió para transformarlas en máquinas de ejercicio. Estos artilugios permitían a los pacientes con lesiones y enfermedades hacer ejercicio físico sin levantarse de la cama ni ampliar el alcance de la lesión.

Pilates no permaneció mucho tiempo en Alemania. Tras rechazar un empleo como entrenador de fitness para el ejército alemán, viajó a Estados Unidos, y una vez en Nueva York, abrió un estudio de ejercicios con su esposa, Clara, que compartía su pasión por la salud y el ejercicio.

El método de ejercicios de Pilates no tardó en popularizarse rápidamente. Los bailarines acudían en tropel a su nuevo estudio neoyorquino. Los ejercicios se adaptaban perfectamente a ellos, pues podían desarrollar más fuerza sin añadir volumen muscular. El método Pilates también constituía un ejercicio de rehabilitación ideal, ya que permitía a los bailarines lesionados realizar ejercicios físicos sin sobrecargar las áreas dañadas. Entre sus fieles seguidores figuraban algunos de los bailarines y artistas más famosos del mundo, como Martha Graham, George Balanchine y Hanya Holm.

En la actualidad, las teorías de Pilates siguen siendo la base del entrenamiento e instrucción del profesor moderno de este método de ejercicios.

4

Principios orientadores

Para introducir un cambio real en el cuerpo y mejorar el nivel de fitness es importante comprender los principios orientadores que transforman estos sencillos ejercicios de colchoneta en un trabajo mente-cuerpo holístico y restaurador.

Si sigues estas ocho directrices básicas, comprenderás la forma y el propósito de los diferentes ejercicios, lo cual te permitirá aprender más cosas de tu cuerpo y cómo funciona durante el movimiento. Con esta nueva comprensión y una práctica regular, pronto interiorizarás estos principios y establecerás unas pautas de movimiento saludables, preparándote para disfrutar de una vida de fitness.

1) Concentración

> *«Concéntrate en los movimientos correctos*
> *CADA VEZ QUE PRACTIQUES LOS EJERCICIOS,*
> *no vaya a ser que los realices incorrectamente*
> *y dejes escapar todos sus valiosos beneficios vitales.»*
> JOSEPH H. PILATES

Cuando levantas pesas, corres en una cinta continua o asistes a una clase de aeróbic, es fácil tonificar el cuerpo y encadenar los movimientos, aunque por desgracia, si te distraes con la música o intentando emular lo mejor posible los movimientos de tu monitor de fitness, la mente se separa de tus movimientos, lo cual suele significar que no prestas la suficiente atención a tu forma. En el método Pilates, la forma lo es todo, y para practicar los ejercicios de una forma correcta necesitas implicar a la mente.

Desarrollar una mayor consciencia acerca de cómo se mueve tu cuerpo, qué grupos de músculos inician cada movimiento específico y cómo coordinar los movimientos con la respiración te ayudará a corregir los desequilibrios musculares, la debilidad y otros problemas posturales. Si te concentras durante la ejecución de los ejercicios, reeducarás a tu cuerpo y a tu mente para que sean capaces de restaurar las pautas saludables de movimiento que fomenten un funcionamiento óptimo.

La visualización es otra forma como la mente contribuye a adiestrar al cuerpo. Como observarás en las instrucciones de los ejercicios del capítulo 8, muchas de ellas incluyen descripciones de imágenes visuales para ayudarte a comprender cada movimiento. Cuando estés aprendiendo un nuevo ejercicio, puede ser difícil localizar y utilizar los músculos de una nueva forma. En este sentido, la visualización ayuda al cerebro y al sistema nervioso a reclutar los músculos correctos para el trabajo.

2) Control

> *«La contrología empieza con el control*
> *de la mente sobre los músculos.»*
> JOSEPH H. PILATES

El movimiento controlado es otro elemento clave del método Pilates. Mantener el control durante toda la sesión de trabajo es esencial para hacer los ejercicios de la forma correcta. A su vez, es por medio de la forma correcta como conseguirás evitar las lesiones y desarrollar una musculatura fuerte, enjuta y funcional.

Si no realizaras los ejercicios con control, tu cuerpo se situaría en un modo por defecto, utilizando la inercia o impulso para ejecutar los movimientos o dependiendo de los músculos más fuertes (viejas pautas no saludables) para efectuar los movimientos en cada ejercicio. Mediante el control, ejercitas los grupos musculares tanto mayores como menores, fortaleciendo, dilatando y tonificando el cuerpo de una forma más eficaz y equilibrada.

Para practicar el método Pilates hay que concentrarse en la posición y en el movimiento que se pretende realizar. Como verás, los ejercicios de colchoneta se efectúan en el suelo, manteniendo el torso inmóvil, mientras se mueven los brazos y las piernas. Primero se estabiliza el torso y la región lumbar, actuando con los músculos abdominales, y luego se realizan movimientos controlados con las extremidades y en ocasiones con la mitad superior del cuerpo. Si eres capaz de concentrar la mente y controlar el movimiento para mantener la forma correcta, no tardarás en cosechar los beneficios del método Pilates.

3) Precisión y coordinación

> *«Estos ejercicios, si se ejecutan correctamente*
> *y se dominan hasta el punto de la reacción*
> *subconsciente, se traducirán en delicadeza y*
> *equilibrio en tus actividades cotidianas.»*
> JOSEPH H. PILATES

Piensa en una patinadora sobre hielo, dando vueltas sobre un pie y luego saltando y girando en círculos. Lo que hace que sea tan fascinante observarlo es la precisión y gracilidad con la que se mueve. Aunque a simple vista parece extremadamente fácil, todos sabemos que detrás de esta delicadeza de movimientos se esconden largos años de entrenamiento y un increíble poder y fuerza.

Al igual que en el patinaje, el método Pilates está relacionado con la ejecución de los movimientos correctos con los músculos correctos y con el ritmo correcto. Todo el cuerpo está interconectado y cada movimiento es el resultado de una serie de mensajes que tienen su origen en el cerebro, que viajan a través de los nervios y, por último, que comunican a los músculos cómo y cuándo deben moverse. Concentrarse en este proceso con el fin de practicar los ejercicios de la forma correcta es otro aspecto adicional del desarrollo de la consciencia mente-cuerpo.

La mayoría de la gente se siente descoordinada cuando intenta practicar un nuevo deporte o ejercicio, y esto es normal, puesto que su cuerpo carece de memoria de los movimientos que intenta realizar. Concentrarse en la forma correcta te ayudará a entrenar el cuerpo y la mente, y aumentará la coordinación, equilibrio y tono muscular.

Practicar ejercicios que exigen coordinación es tan positivo para el cerebro como para los músculos, ligamentos y articulaciones. El ejercicio Natación (p. 141) es un ejemplo perfecto de cómo se utiliza la precisión y la coordinación en el método Pilates. Tumbado en el suelo, estabilizando la región lumbar con los músculos abdominales, elevas al mismo tiempo el brazo derecho y la pierna izquierda. Luego, cambias de posición, elevando el brazo izquierdo y la pierna derecha. Este tipo de entrenamiento lateral entrecruzado requiere que los dos hemisferios cerebrales trabajen al unísono.

En el método Pilates lo importante es la calidad del movimiento, no la cantidad. Mientras trabajas para integrar los músculos y la mente, continúa concentrándote en el control y la coordinación.

4) Aislamiento e integración

> «*Cada músculo puede contribuir, de una forma cooperadora y leal, al desarrollo uniforme de todos nuestros músculos.*»
> JOSEPH H. PILATES

Uno de los principales beneficios del método Pilates es el aumento de la flexibilidad sin sacrificar la fuerza. Una forma de incrementar la flexibilidad consiste en desarrollar los músculos más débiles e infrautilizados en pares musculares. Si analizas el ejercicio Adelante/atrás en la página 134, verás que primero se extiende la pierna hacia delante y luego se desplaza detrás del cuerpo. Cada movimiento hace énfasis en diferentes músculos y también requiere que diversos músculos actúen al mismo tiempo. Ejercitando los músculos más débiles además de los más fuertes crearás un mayor equilibrio en el cuerpo, lo cual te permitirá realizar movimientos precisos y controlados.

Para desarrollar los músculos más débiles, debes aislar las articulaciones. Así, por ejemplo, en Círculos con una pierna (p. 102) deben producirse varias cosas a la vez para que el ejercicio sea satisfactorio y puedas conseguir los beneficios que se obtienen con el mismo. El núcleo debe estar estable, con el torso bien apoyado en el suelo, al tiempo que la pierna describe su movimiento con control y precisión. Si utilizas los músculos abdominales para estabilizar la región lumbar, aislarás la cadera, efectuando la rotación de la pierna mediante los músculos de la cadera y de la pierna.

Sin control abdominal, serán los músculos equivocados los que, involuntariamente, entren en acción para mover la pierna, lo cual podría dar lugar a una lesión.

Los ejercicios de Pilates contribuyen a integrar los músculos con el fin de que trabajen juntos, no sólo por pares musculares, sino en todo el cuerpo. Al integrar el núcleo con los grandes movimientos más superficiales de los músculos de las extremidades, utilizas menos energía para mover las piernas e incrementas la fuerza y la flexibilidad de las articulaciones. Este tipo de acondicionamiento está directamente relacionado con los múltiples movimientos que sueles realizar en todas tus actividades diarias. Con el método Pilates entrenas los músculos del núcleo para soportar el cuerpo en su posición vertical y equilibrada, de manera que los brazos y las piernas puedan funcionar con más eficacia.

5) Centrado

> *«Una buena postura sólo se puede conseguir*
> *cuando el mecanismo completo del cuerpo*
> *se halla bajo un perfecto control.»*
> JOSEPH H. PILATES

En el método Pilates se trabaja de dentro a fuera, desarrollando los músculos del núcleo, o abdominales, para que actúen correctamente, es decir, soportando la columna vertebral y los órganos internos, además de mover el torso.

Si estás familiarizado con otros ejercicios, tales como el yoga, el tai chi o el kárate, tal vez sepas que todos los movimientos tienen su origen en el núcleo, el cual, tanto literal como figuradamente, constituye la fuente de poder, equilibrio y fuerza del cuerpo.

El objetivo del método Pilates consiste en desarrollar fuerza abdominal, resistencia y control para mantener una buena postura y preparar el cuerpo para realizar todas sus actividades diarias. La fuerza del núcleo es esencial para todos y cada uno de los movimientos que realizas, tanto si trabajas con un ordenador, como si juegas al tenis o te deslizas por una pista de esquí.

Si pasas la mayor parte del día sentado en un escritorio y tienes los músculos abdominales débiles, desarrollarás malos hábitos posturales que al final podrían causarte dolores y lesiones en la nuca, espalda y otras regiones del cuerpo. Si intentas practicar tu deporte favorito con los abdominales débiles, tu juego carecerá de la potencia y eficacia necesarias para triunfar.

Piensa en los movimientos relacionados con la acción de batear en el béisbol. Si te limitas a permanecer de pie, inmóvil, y sólo mueves los brazos para golpear la bola, no le darás con demasiada fuerza ni la mandarás demasiado lejos. Asimismo, te resultará muy difícil enviarla en la dirección deseada. Pero si integras y coordinas tus movimientos, realizando un buen *swing* y girando el torso hasta completar el movimiento de rotación con los brazos, serás capaz de mandar la bola directamente a la tercera base. Es como si existiera una bola de energía en el centro de tu cuerpo que, al moverse, enviara energía hacia delante y hacia las extremidades.

En el capítulo 8 descubrirás que todos los ejercicios de Pilates incluyen instrucciones para «tirar de los abdominales hacia la columna vertebral», un movimiento que estabiliza la columna y la región lumbar para preparar el desplazamiento de las extremidades o el torso. Al realizar este movimiento, debes localizar el recto abdominal, o músculo abdominal que discurre verticalmente desde el hueso púbico hasta el esternón, y tirar de él hacia la columna vertebral. Imagina que apoyas los músculos sobre la columna, empezando por el hueso púbico y hasta llegar al esternón. Piensa en la fuerza y la longitud.

A la vez, debes sentir que los demás músculos abdominales, que forman una especie de corsé alrededor de la cintura, la empujan hacia la espalda. Usar de este modo los músculos abdominales fomenta el desarrollo de la fuerza, la resistencia y el control, permitiendo alargar y estirar la columna vertebral y proteger la región lumbar.

En el capítulo 5 analizaremos más detenidamente los músculos abdominales.

6) Movimiento fluido

> *«La contrología está diseñada para proporcionarte una elasticidad y gracia natural que se reflejarán indiscutiblemente en tu forma de andar, en tu forma de jugar y en tu forma de trabajar.»*
> JOSEPH H. PILATES

Los ejercicios de Pilates deben realizarse con un movimiento fluido. Al principio, invertirás bastante tiempo en cada uno de ellos intentando simplemente coordinar todos los diferentes movimientos y posiciones, pero con la práctica no tardarás en desarrollar un ritmo que te permita encadenar fácilmente un ejercicio con el siguiente. Sin embargo, esto no significa que vayas a realizar la sesión de trabajo de un modo inconsciente o rutinario, pues siempre deberás concentrarte al máximo en cada movimiento.

Durante la práctica de los ejercicios, procura no hacer movimientos súbitos o bruscos. Hay que estar relajado y concentrado, alargando el torso y las extremidades con cada extensión. Piensa en el método Pilates como en una danza en la que cada movimiento conduce delicadamente al siguiente.

7) Respiración

> «*Para respirar correctamente debes exhalar e inspirar*
> *completamente, intentando "exprimir"*
> *cada átomo de aire impuro de los pulmones,*
> *de la misma forma en que lo harías si escurrieras*
> *el agua de un paño húmedo.*»
> JOSEPH H. PILATES

La respiración es un elemento importante del método Pilates. Muchos de nosotros no respiramos correctamente y ni siquiera nos damos cuenta de ello. Lo hacemos más allá de los propios límites de los pulmones o, peor, conteniendo la respiración al movernos. No es, pues, de extrañar que estemos tan fatigados.

Respirar correctamente, realizando una inspiración y una exhalación completa para efectuar un perfecto intercambio de aire viciado por aire fresco, contribuye a mantener una buena circulación sanguínea, suministrando oxígeno al cuerpo y eliminando los productos residuales. Los ejercicios de Pilates te ayudarán a comprender que en la respiración intervienen los pulmones, el diafragma y la caja torácica. Con la práctica, desarrollarás los músculos que te permitirán expandir por completo la caja torácica y el pecho.

Es fácil olvidarse de respirar cuando se empieza con el método Pilates. Se está tan ocupado intentando recordar qué músculos deben entrar en acción y cuáles deben estar relajados, que la tendencia más habitual suele ser la de contener la respiración. No obstante, con el tiempo, serás capaz de coordinarla con los movimientos, y descubrirás que te ayuda a estar lo bastante relajado como para estirarte y moverte con seguridad.

Como regla general, inspirarás antes de iniciar un movimiento o al extender el cuerpo, y exhalarás al iniciar un movimiento o flexionar el cuerpo hacia delante. Exhalar al desplazarse hacia delante o al girar el torso ayuda a relajarse en el estiramiento.

8) Rutina

> *«Mediante la repetición se adquiere un ritmo natural.»*
> JOSEPH H. PILATES

Al igual que en cualquier ejercicio o deporte, el método Pilates se debe practicar con regularidad para disfrutar de sus beneficios.

El desarrollo de los desequilibrios musculares que provocan dolores y lesiones requiere días, semanas, meses o incluso años de estrés negativo y repetitivo en el cuerpo (malos hábitos posturales, lesiones, pérdida de forma física, tensión, etc.) para desencadenarse. Como ya hemos dicho con anterioridad en este mismo capítulo, para que se produzca el movimiento, el cerebro envía un mensaje a los nervios, que indican a los músculos cómo deben actuar. Este circuito nervioso entre el cerebro y los músculos se denomina pasillo neuromuscular.

Con el tiempo, si desarrollas desequilibrios musculares que ocasionan un desalineamiento en el cuerpo, se establecen nuevos pasillos para soportar los músculos, a pesar de que están contribuyendo a una postura y unos movimientos deficientes. En tal caso, cada vez que te mueves, los nervios reclutan los mismos músculos y propician pautas de movimiento inapropiadas.

Los ejercicios de Pilates están diseñados para realinear el cuerpo y acondicionar uniformemente la musculatura con el fin de utilizar los músculos correctos de la forma adecuada para soportar y mover el cuerpo. La repetición de movimientos en la forma correcta contribuye a restablecer nuevos pasillos que ayudan al cerebro y los nervios a reclutar los músculos apropiados para cada movimiento específico.

En otras palabras, cuanto más practiques, incorporando las ocho directrices anteriores, mayor será el entrenamiento del cerebro, de los nervios y de los músculos para establecer nuevas pautas de movimiento que fomenten una buena postura, la alineación y la fuerza.

5
Postura, alineación y movimiento

De pie con la espalda recta

Todos reconocemos una buena postura cuando la vemos —generalmente en los demás—, pero ¿qué significa en realidad «de pie con la espalda recta» y por qué es tan importante adoptar una postura correcta?

He pasado la mayor parte de mi vida yendo de un lado a otro como un pequeño signo de interrogación, es decir, con la región dorsal balanceándose y la mitad superior del cuerpo encorvada. Por desgracia, las advertencias de mi madre cuando era niña —«¡de pie con la espalda recta!»— cayeron en saco roto. Había desarrollado la perfecta postura de «hombros caídos y arrastrando los pies» para expresar mi desdén y mi hastío preadolescente, y desde luego, no estaba dispuesta a reenderezarme en aras de mi aspecto. Ahora, después de distintos problemas de espalda y de nuca, ni te imaginas cuánto me arrepiento de ello.

Si bien es cierto que la gente que adopta una buena postura da la sensación de confiar más en sí misma y de comportarse con más desenvoltura, también lo es que la buena postura va mucho más allá del aspecto físico, pues contribuye a que el cuerpo funcione a la perfección.

Postura y alineación

Una buena postura es la alineación vertical del cuerpo. Es importante porque una alineación correcta permite al cuerpo moverse con eficacia. Para conseguir una alineación vertical del cuerpo, los músculos, ligamentos, huesos y articulaciones deben actuar al unísono para mantener el equilibrio, realizar movimientos y sostener el cuerpo erguido.

Si observas el cuerpo desde una perspectiva frontal (véanse los ejemplos de posturas de la página 49), verás que una línea vertical imaginaria discurre a modo de eje desde la cabeza hasta el suelo, pasando por el centro del cuerpo, con la nariz, el mentón, el esternón, el ombligo y el hueso púbico perfectamente alineados. Las líneas horizontales de la figura también ayudan a comprobar que los hombros están relajados y en una posición natural, lo cual queda indicado mediante una línea paralela al suelo y a la línea que cruza las caderas, que muestra la pelvis en su posición natural.

Lo mismo ocurre con la perspectiva lateral del cuerpo. Fíjate cómo la oreja, el hombro, el codo, la cadera, la rodilla y el tobillo quedan unidos por la misma línea vertical. La alineación de estas partes del cuerpo significa que en el interior el cuerpo también está alineado. La cabeza se asienta sobre la nuca y los ojos miran directamente al frente; la columna vertebral, con sus curvas naturales, está alineada y en su máxima extensión; la pelvis está en su posición correcta; las extremidades están rectas, pero sin las articulaciones cerradas; y los pies están firmemente plantados en el suelo.

Cuando estás alineado correctamente, el cuerpo es

Figura 5.1

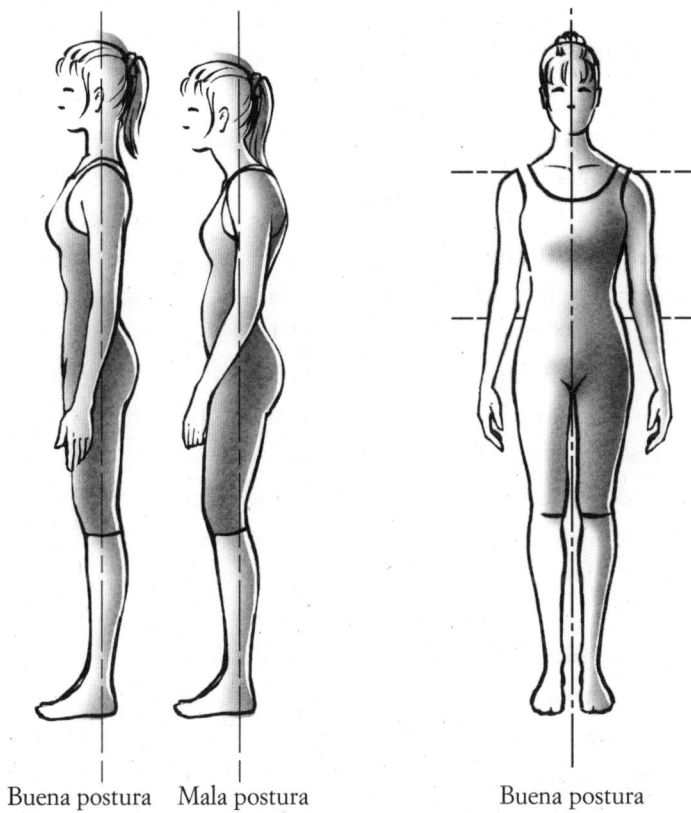

Buena postura   Mala postura   Buena postura

más flexible y los movimientos son más eficaces, al igual que el equilibrio y la coordinación. Deberías ser capaz de mantener una buena postura y una perfecta alineación cuando estás sentado, de pie, realizando cualquier actividad o practicando un deporte.

Efectos de una buena postura

No es de extrañar que el 80% de la gente sufra algún tipo de dolor de espalda en su vida. La mayoría de nosotros tenemos malos hábitos posturales que contribuyen a desalinear la columna vertebral y a generar desequilibrios musculares. Si a esto le sumamos lesiones, enfermedades, trabajar con un ordenador, estar todo el día sentado y los simples efectos de la gravedad, los factores que pueden interferir en una postura correcta son incontables.

Dado que el cuerpo está interconectado, cuando una parte del mismo está desalineada, influye en toda la estructura. Cuando adoptas una postura deficiente, los huesos no están alineados correctamente, y esto somete a los músculos, ligamentos y articulaciones a una excesiva sobrecarga. Una mala postura también puede influir en los órganos internos, afectando a su funcionamiento e incluso a la forma de respirar. Los desequilibrios y la desalineación pueden ocasionar fatiga e incluso dolor en la nuca, espalda, caderas u otras partes del cuerpo. Por lo demás, con una postura incorrecta corres un riesgo mayor de lesión en la práctica deportiva u otras actividades recreativas.

MÍRATE AL ESPEJO PARA EVALUAR TU POSTURA.
¿PODRÍAS RESPONDER «SÍ» A LAS PREGUNTAS SIGUIENTES?

- ¿Queda espacio entre los hombros y las orejas?
- ¿Llevas la cabeza erguida?
- ¿Los hombros y las caderas están paralelos entre sí y respecto al suelo?
- ¿El espacio entre los brazos y el torso es igual en ambos lados?
- ¿Miran tus rodillas hacia delante?
- ¿Los tobillos están paralelos al suelo?

Pide a un amigo que te saque una foto de perfil y vuelve a examinar tu alineación:

- ¿La cabeza está en posición elevada? ¿La oreja está alineada con el hombro? ¿El mentón está paralelo al suelo o se inclina demasiado hacia delante o hacia atrás?
- ¿Los hombros están en línea con las orejas o, por el contrario, tiran demasiado hacia atrás o se encorvan hacia delante?
- ¿Está ligeramente elevado el tórax? ¿La parte superior de la espalda está recta o encorvada?
- ¿Está liso el estómago? ¿Tiran ligeramente hacia dentro los músculos abdominales?
- ¿La parte inferior de la espalda muestra una leve curva natural o, por el contrario, está demasiado lisa o excesivamente curvada hacia delante?
- ¿Las piernas están rectas, sin cerrar las rodillas?

(Fuente: American Physical Therapy Association)

Cómo puede ayudar el método Pilates

Cuando el cuerpo no está alineado, los músculos menores intentan realizar el trabajo de los músculos mayores, o los mismos escasos músculos intentan compensar y hacer todo el trabajo de mantenimiento de la postura y el movimiento. Los ejercicios de Pilates ayudan a restaurar una buena postura corrigiendo los desequilibrios musculares, mejorando la movilidad de las articulaciones, incrementando la flexibilidad y fortaleciendo los músculos posturales.

- Los músculos trabajan por parejas, y el método Pilates está diseñado para desarrollarlos por igual, con el fin de que el cuerpo se fortalezca de una forma equilibrada. Entrenarás los grupos de músculos mayores y menores para que toda la musculatura del cuerpo pueda trabajar al mismo tiempo y funcionar correctamente. Unos músculos fuertes ayudan a mantener el cuerpo erguido.

- La flexibilidad muscular también es importante para el mantenimiento de una buena postura y soportar la espalda tanto si estás inmóvil como en movimiento. Sin flexibilidad, el movimiento está limitado. Los ejercicios de Pilates estiran los músculos de la espalda, abdomen, caderas y extremidades.

- Las articulaciones deben estar flexibles y fuertes para que puedas moverte u mantener, al mismo tiempo, la alineación. Practicando los ejercicios de Pilates incre-

LA COLUMNA VERTEBRAL

Figura 5.2

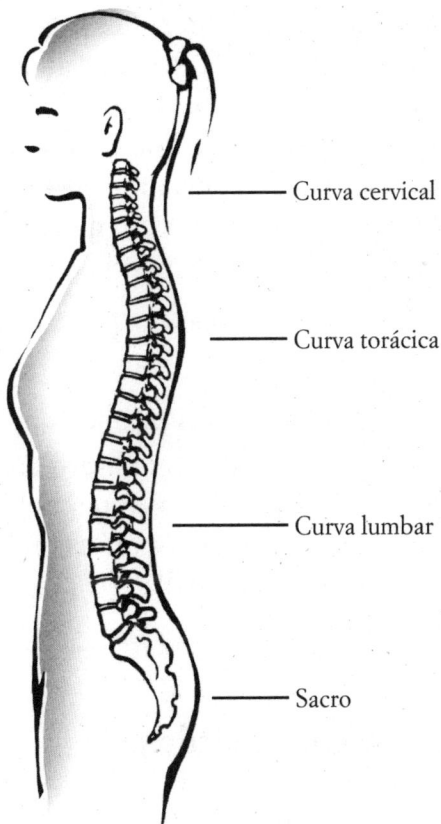

Curva cervical

Curva torácica

Curva lumbar

Sacro

mentarás la movilidad de las articulaciones, mientras fortaleces los músculos que las soportan.

• La columna vertebral presenta tres curvas naturales: la curva cervical, una ligera curvatura hacia delante en la parte superior de la propia columna (nuca); la curva torácica, una leve curvatura hacia atrás en la parte superior de la espalda; y la curva lumbar, una suave curvatura hacia delante en la parte inferior de la espalda. Los ejercicios de Pilates contribuyen a fortalecer la espalda y la columna vertebral, al tiempo que mantienen alineadas estas tres curvas (véase la ilustración de la columna de la página 53).

(Fuente: American Physical Therapy Association)

La práctica del método Pilates te ayudará a identificar los músculos que debes utilizar para realizar movimientos específicos. Cuando empieces los ejercicios, no tardarás en descubrir que los músculos más difíciles de entrenar son los que hasta la fecha no han estado haciendo su trabajo.

«Abdominales fabulosos»

Uno de los elementos fundamentales de una buena postura es tener unos músculos abdominales fuertes que soporten la columna vertebral y la pelvis. Como ya hemos dicho anteriormente, el núcleo del cuerpo es el centro del poder, y desarrollando esta área adquirirás fuerza, control y estabilidad en el tronco, tres fac-

MÚSCULOS ABDOMINALES

Figura 5.3

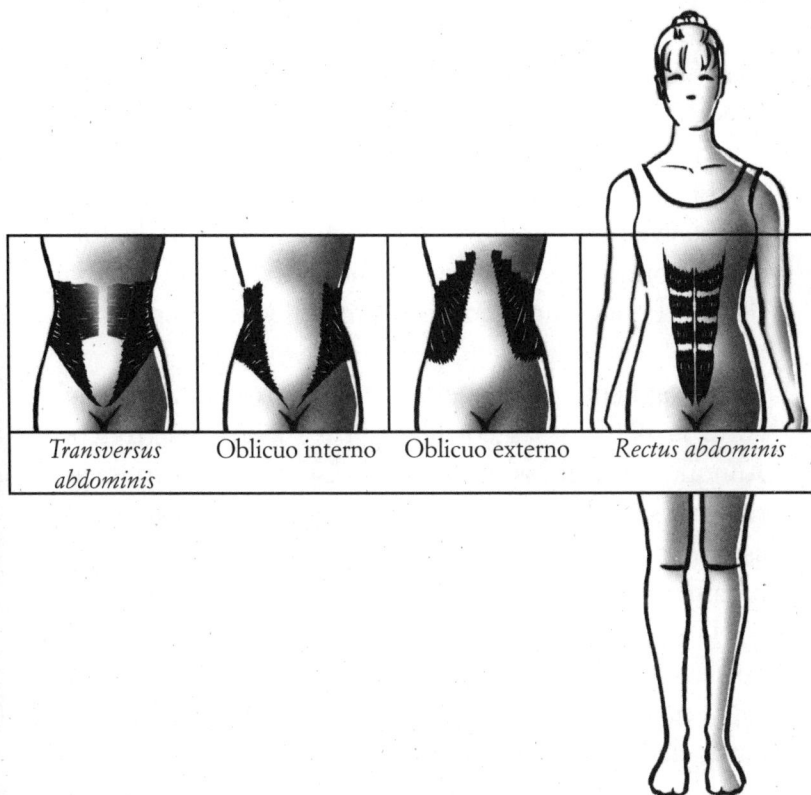

| Transversus abdominis | Oblicuo interno | Oblicuo externo | *Rectus abdominis* |

tores que influirán muy positivamente en tus movimientos.

Existen cuatro músculos abdominales situados por estratos alrededor de la cara anterior, posterior y laterales del tronco, entre la caja torácica y la pelvis, entrecruzándose entre sí en diferentes direcciones. Aunque cada uno de ellos tiene sus funciones específicas, también trabajan al unísono para mantener la postura e iniciar los movimientos (véase la situación de los músculos abdominales en la página 55).

El *transversus abdominis* es el estrato más profundo y envuelve horizontalmente la espalda y los lados del torso. La contracción de este músculo tira del vientre hacia dentro. Para notarlo, coloca las manos en los costados y tose.

El siguiente estrato, el oblicuo interno, está situado entre la pelvis y las costillas, en los lados del tronco. Aunque estas fibras musculares discurren en varias direcciones, están básicamente orientadas en una diagonal ascendente a partir de la pelvis. Estos músculos se usan para flexionar el tronco lateralmente y hacia delante.

Los oblicuos externos están sobre los oblicuos internos, entre la pelvis y la zona intermedia de la caja torácica, y están orientados en una diagonal descendente a partir de las costillas. Si contraes uno o los dos estratos de músculos oblicuos, alisarás el áreas del estómago y facilitarás la flexión del tronco hacia delante. Los músculos oblicuos también trabajan juntos en los giros del tronco.

El recto abdominal (o *rectus abdominis*) quizá sea el estrato de los músculos abdominales con el que estés más familiarizado. Es el estrato superior que discurre verticalmente desde el hueso púbico hasta el esternón. Cuando la gente habla de unos «abdominales de lujo» o de un «estómago como una tabla de planchar» se están refiriendo precisamente al recto abdominal.

El método Pilates te ayudará a trabajar todos estos músculos para desarrollar una mayor fuerza en el núcleo. También constituye una forma excelente de alisar el estómago y adelgazar el talle. Ni que decir tiene que los ejercicios contribuyen a incrementar la fuerza y la longitud del cuerpo, pero cambiar la silueta corporal requiere algo más que practicar el método Pilates unas cuantas veces por semana. Si quieres que todo el mundo admire tus «abdominales fabulosos», también tendrás que quemar las grasas que recubren aquellos músculos mediante un programa de entrenamiento aeróbico y una dieta baja en calorías.

Alineación de la columna

Mantener la alineación de la columna vertebral y de la pelvis es un elemento importante de una buena postura. Como ya se ha comentado en este capítulo, la columna tiene tres curvas naturales y su correcta alineación propicia su funcionamiento óptimo.

Asimismo, la posición pélvica también puede influir en la alineación y la postura. A menudo, los terapeutas corporales utilizan el término «posición neutra» o «columna neutra» para describir la pelvis y la columna vertebral cuando están perfectamente alineadas. (Nota: posición neutra y columna neutra no son conceptos del método Pilates.)

EJERCICIO DE POSICIÓN NEUTRA

Figura 5.4

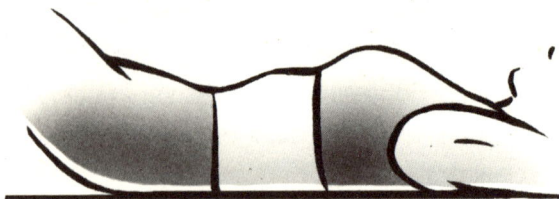

Espalda recta

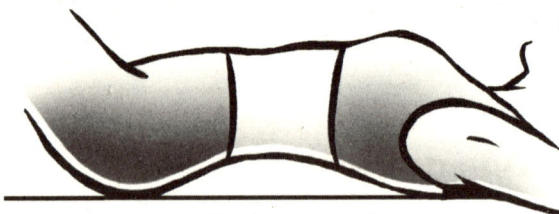

Espalda arqueada

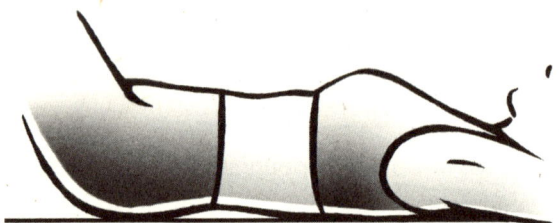

Posición neutra

Intenta el siguiente ejercicio postural para descubrir qué se siente cuando la pelvis y la columna vertebral están en una posición neutra. Realízalo lenta y suavemente (véase la ilustración de la página 58).

Advertencia de salud: Éste es un ejercicio relativamente simple, pero si sufres de dolores de espalda, tienes lesiones u otras patologías, sólo debes hacerlo bajo la supervisión de un terapeuta corporal o un monitor certificado de Pilates.

1. Échate de espaldas en el suelo o sobre una colchoneta.
2. Coloca una mano entre la región lumbar y el suelo; debería haber una curva natural en esta zona.
3. Retira la mano y usa los músculos abdominales para empujar la pelvis hacia abajo, de manera que toda la espalda quede apoyada en el suelo y se alise el estómago.
4. Luego, usa los músculos de la región lumbar para empujar la pelvis en la dirección opuesta, arqueando la parte inferior de la espalda.
5. Por último, regresa a la primera posición (paso 2), es decir, la posición neutra, contrayendo los músculos abdominales, pero manteniendo la pelvis en una posición neutra.

Puedes realizar este mismo ejercicio con la nuca. Échate en el suelo e inclina la cabeza hacia atrás, lenta y suavemente, elevando el mentón. Esta posición arquea exageradamente la nuca.

Para conseguir una posición neutra, debes tener la nuca recta (aun así, formará una pequeña curva natural,

de tal modo que la nuca nunca estará totalmente apoyada en el suelo), con el mentón paralelo al suelo o ligeramente inclinado hacia delante. Los ojos deberían mirar
directamente hacia el techo (véase la ilustración inferior). Si tienes problemas para localizar la posición neutra en estos ejercicios, consulta a un terapeuta corporal,
un monitor de Pilates o un profesor de yoga para que te
ayuden.

Figura 5.5

Nuca arqueada

Posición neutra

6

Terminología del método Pilates

En ocasiones, la jerga y las descripciones que se utilizan en los libros de ejercicios y las clases pueden resultar confusas y desalentadoras. Por esta razón, en este capítulo he confeccionado una lista y he definido diversas expresiones y términos que podrías oír en una típica clase del método Pilates. Si te familiarizas con algunas de las directrices principales y el vocabulario antes de empezar, tendrás la oportunidad de dedicar más energía para concentrarte en los ejercicios.

También he incluido la definición de algunos términos utilizados en este libro, sobre todo en la descripción de las instrucciones de los ejercicios del capítulo 8. Con idea de ayudarte a desarrollar una mayor consciencia de tu cuerpo y de cómo se emplean los diferentes músculos para realizar los movimientos, he procurado en lo posible recurrir a un movimiento, imagen visual o sensación en lugar de una frase o instrucción común. Así, por ejemplo, en lugar de utilizar «ombligo hacia la columna», que es una instrucción muy habitual en el método Pilates, he optado por «tira de los abdominales hacia la columna (desde el hueso púbico hasta el esternón)», para que comprendas qué músculo debes usar y dónde está situado.

Comprender los músculos, posiciones y movimientos individuales te ayudará a aislar e integrar los músculos para que tu cuerpo esté más equilibrado. Pilates no es simplemente un método de ejercicios; también es un sistema educativo que contribuye a sintonizar mejor con el propio cuerpo.

Términos	Definiciones
Ahuecamiento, ahuecado	Este término se refiere al movimiento y a la posición sostenida de los abdominales cuando se tira de ellos hacia arriba y hacia dentro, en dirección a la columna vertebral. Imagina una pala de heladería recogiendo helado en tu abdomen, desde el hueso púbico hasta el esternón, y ahuecando el estómago.
Alcance del movimiento	Extensión en la que puedes mover una parte del cuerpo alrededor de una articulación sin que tengan que intervenir otras partes del cuerpo en la realización del movimiento. Así, por ejemplo, en Círculos con una pierna, el alcance del movimiento equivaldría al tamaño del círculo que puedes describir con la pierna elevada sin necesidad de recurrir a otros músculos. A medida que vayas adquiriendo más fuerza y más flexibilidad

en las articulaciones, y desarrolles un mayor control, podrás incrementar el alcance del movimiento.

Banda de ejercicios

Fina correa de goma de alrededor de 10 cm de anchura y 1 m de longitud que se usa en terapia física y otros ejercicios.

Caja

Término utilizado por los monitores del método Pilates para describir una alineación correcta. La caja está formada por las líneas horizontales de las caderas y los hombros, y las líneas verticales que discurren entre las caderas y los hombros. Durante el ejercicio, debes mantener los hombros permanentemente alineados con las caderas.

Columna neutra

Elemento esencial de una buena postura. Cuando la columna vertebral se halla en una posición neutra quiere decir que está perfectamente alineada. Mantener el cuerpo en esta posición requiere menos energía y permite realizar movimientos más libres y eficaces (véase la página 57 descripción para localizar la posición de la columna neutra).

Comprometer

Contraer suavemente un músculo durante un ejercicio.

Conexión mente-cuerpo

Pilates se refería a su sistema de ejercicios como una «coordinación completa de cuerpo, mente y espíritu». Uno de los objetivos del método Pilates consiste en realizar los ejercicios con consciencia, prestando la máxima atención a los movimientos y la respiración para integrar mejor la mente y el cuerpo.

Controlología

Nombre original del método de ejercicios de Joseph Pilates que ahora se conoce como «Pilates». Divulgó su trabajo como un método para restaurar una buena postura, el equilibrio y la fuerza sin desarrollar una voluminosa musculatura.

Curva C

La curva C describe la posición de la región lumbar al realizar algunos ejercicios de Pilates, tales como el Estiramiento de la columna hacia delante. Al tirar de los músculos abdominales hacia dentro y hacia arriba, en dirección a la columna vertebral, también te elevas desde las caderas, estirando la columna, extendiéndola hasta la cabeza y formando una curva C con la región lumbar (véase Ahuecamiento).

**Ejercicio
funcional**

Ejercicio que prepara el cuerpo para los movimientos funcionales de la vida real, tales como estar sentado, estar de pie, correr, jugar al tenis, etc. Los ejercicios del método Pilates son funcionales puesto que tonifican los músculos del núcleo, las extremidades y las articulaciones de una forma integrada, mejorando la alineación, desarrollando la fuerza general del cuerpo y fomentando un movimiento más eficaz.

Esternón

Hueso del tórax.

Estiramiento

Este término se utiliza en las instrucciones de los ejercicios para significar el alcance máximo de estiramiento de una extremidad. Por ejemplo, en Estiramiento de la pierna con abrazo de la espinilla, al poner recta la pierna, tirando con el talón, la estás estirando.

Extensión

Término anatómico que se usa para describir la flexión hacia atrás, habitualmente de la columna vertebral.

**Extremos
pélvicos**

Los monitores utilizan esta expresión para describir las dos prominencias óseas en la base de la pelvis. Cuando la pelvis se halla en una posición neutra, deberías notar los extremos pélvicos en cada nalga haciendo contacto con el suelo.

Flexión

Doblarse hacia delante. Muchos ejercicios de este libro, tales como Cien, Flexión abdominal con extensión hacia delante y Estiramiento de la columna hacia delante, implican la flexión hacia delante de la columna vertebral.

Flexores de las caderas

Músculos que discurren verticalmente a través de la cresta en la que se une la pierna y la pelvis. Ayudan a mover las piernas.

Línea B

La línea B es uno de los elementos esenciales de una buena postura. Debes mantener siempre una línea recta (línea B), paralela al suelo, desde el extremo de un hueso de la cadera hasta el extremo superior del otro. Luego, contrae los músculos abdominales inferiores a escasos centímetros por debajo del ombligo.

Mansión del poder

Este término describe el área del núcleo en la que se centran los ejercicios de Pilates: los músculos abdominales, los músculos de la región lumbar, los músculos glúteos máximos. Esta área está incluida en la caja (p. 63). El objetivo consiste en fortalecer e integrar estos músculos. Algunos monitores la denominan «cinturón de fuerza».

Ombligo hacia la columna

Este término se emplea en muchos libros y clases para describir un movimiento fundamental en los ejercicios de Pilates. Al realizarlos, debes utilizar los músculos abdominales para controlar el movimiento y proteger la región lumbar, estabilizando y soportando la columna vertebral. Para conseguir este soporte, debes tirar hacia arriba y hacia dentro del recto abdominal, desde el hueso púbico hasta el esternón (véase Tirar de los abdominales hacia arriba y hacia dentro).

Pauta neuromuscular

En tu vida, los movimientos, la gravedad y las emociones contribuyen a determinar el funcionamiento del sistema nervioso y de los músculos. Con el tiempo, las pautas se van asentando en el cuerpo: algunas son saludables, pero otras evitan que éste funcione como es debido. Mediante los ejercicios de Pilates y el yoga, así como también con algunos tipos de trabajo del tejido corporal profundo, como Soma o Hellerwork, se pueden corregir o «repautar» las pautas incorrectas para fomentar unos tejidos más sanos.

Rodamiento ascendente y descendente de las vértebras

La columna vertebral no debe estar nunca rígida como una vara. Uno de los objetivos del método Pilates consiste en ejercitar la columna para mantener sus curvas y su flexibilidad naturales. Rodamiento hacia arriba significa que cuando elevas el torso del suelo en posición de tendido supino (controlando el movimiento con los abdominales), debes articular la columna vertebral, de tal modo que cada vértebra se sitúe encima de la inferior hasta adoptar la posición de sentado. Primero, eleva la parte superior de la nuca, y lentamente, ve levantando las vértebras del suelo, una por una. Si sigues moviendo el torso hacia delante, contrayendo los abdominales, conseguirás un perfecto estiramiento de la columna. Rodamiento descendente significa que, partiendo de la posición de sentado, articulas la columna al igual que hacías en el rodamiento ascendente, apoyando una vértebra en el suelo desde la rabadilla hasta el extremo superior de la columna.

Rotación

Movimiento alrededor de un ejc. Por ejemplo, girar el torso de un lado a otro, como en el caso de las Tijeras.

Tendido prono Tumbado boca abajo.

Tendido supino Tumbado de espalda.

Tirar de los abdominales hacia arriba y hacia dentro Ésta es la orden que se utiliza en las instrucciones de los ejercicios de este libro para describir la posición correcta de los músculos abdominales durante la ejecución de los movimientos. También se denomina «ombligo hacia la columna». Debes alargar el músculo recto abdominal como si la energía se desplazara hacia arriba y hacia fuera a través de la parte superior del músculo, y hacia abajo y hacia fuera a través de la base del músculo, al tiempo que tiras del músculo hacia abajo en dirección a la columna, desde el hueso púbico hasta el esternón. Este movimiento contribuye a proteger la región lumbar soportando la columna vertebral (véase Ombligo hacia la columna).

7

Iniciación

Plan personal

La mejor forma de aprender a realizar los ejercicios de Pilates es trabajar en privado con un monitor certificado y cualificado en este método. Tu monitor te ayudará a adquirir una mayor consciencia de los diferentes músculos del cuerpo y a utilizarlos para realizar los movimientos correctamente. Practicar los ejercicios de la forma correcta es fundamental para obtener los beneficios derivados del método Pilates.

Si el coste de las clases particulares te resulta prohibitivo, existen otras alternativas. Podrías tomar clases semiparticulares o asistir a clases colectivas de colchoneta. Si eliges esta última opción, procura encontrar un grupo lo más reducido posible con un monitor que explique cuál es la forma correcta de ejecutar cada ejercicio. Quienes sufran lesiones o tengan problemas de salud deberían inclinarse por la instrucción privada.

Leer este libro también te ayudará a prepararte, actuando a modo de guía práctica en casa, además de introducirte en las filosofías, directrices y vocabulario que se esconden detrás del método Pilates.

Al cabo de cuatro o cinco sesiones adquirirás una

comprensión básica de la forma y la finalidad, y estarás listo para practicar los ejercicios tú solo en casa, lo cual no quiere decir que tengas que dejar necesariamente las clases particulares o colectivas. En realidad, puedes combinar los dos tipos de práctica: en casa y fuera de casa.

Lo que puedes esperar

Si no has hecho ejercicio físico desde hace mucho tiempo, es posible que tu monitor te inicie en los aparatos de Pilates, que soportan el cuerpo durante los movimientos, facilitando así la práctica de los ejercicios, y si estás en plena forma, podrías empezar con ejercicios de colchoneta o con una combinación de aparatos y colchoneta.

Antes de empezar, deberás rellenar un cuestionario de salud que ayudará a tu monitor a diseñar un programa que se ajuste a tus necesidades y limitaciones individuales. A lo largo de la sesión, el monitor te hablará constantemente durante los ejercicios, tocándote cuando sea necesario para ayudarte a corregir una posición.

No dudes en formularle preguntas o en detener el trabajo si experimentas algún dolor o malestar. En el método Pilates no hay que seguir instrucciones inconscientemente. De lo que se trata es de aprender, cambiar y evolucionar.

Nota de salud: Como siempre, consulta con tu médico antes de empezar un programa de ejercicio físico. Si sufres alguna patología, lesión, etc., comparte esta información con tu monitor para que pueda tenerlo en cuenta al diseñar tu rutina.

Tus objetivos

¿Qué quieres conseguir con el método Pilates? Si identificas con claridad tus necesidades y tus objetivos antes de empezar, te resultará más fácil concentrarte en ellos. Tal vez desees mejorar la postura o adquirir una mayor potencia de tus golpes en la práctica del tenis. Quizá estés siguiendo un programa de ejercicios rutinario y sientas la curiosidad de probar algo nuevo. Comparte tus objetivos, preocupaciones e inquietudes con el monitor para que pueda orientarte y apoyarte en este viaje.

El embarazo y el método Pilates

Los ejercicios de Pilates son excelentes para preparar el cuerpo para la gestación, ya que fortalecen los músculos abdominales y la base pélvica. Muchas mujeres que practican el método Pilates continúan haciéndolo durante el embarazo. Si ya lo practicabas antes de quedar encinta, diseña junto con tu médico y el monitor de Pilates un plan prenatal y posnatal de ejercicios, y si hace mucho tiempo que no haces ejercicio físico o quedas embarazada poco después de iniciarte en este método, sería aconsejable esperar hasta que te hayas restablecido del parto antes de empezar o continuar el trabajo.

Cómo seleccionar un monitor

La calidad de la instrucción puede marcar la diferencia en relación con el mayor o menor beneficio que obtengas del trabajo y del mayor o menor disfrute derivado del ejercicio.

Aunque no existe un entrenamiento uniforme y una certificación estándar para todos los países, lo cierto es que hay diversos programas de entrenamiento de excelente calidad. Un buen programa, por ejemplo, dura aproximadamente entre nueve meses y un año, e incluye talleres, técnicas pedagógicas de enseñanza y exámenes. Al término del programa, los alumnos han realizado centenares de horas de entrenamiento.

Cualidades que conviene buscar al seleccionar un monitor de Pilates:

- **Experiencia.** Un monitor con un mínimo de tres años de experiencia en enseñanza, alguien que practique el método Pilates con regularidad y que además lo enseñe. Solicita a los candidatos a monitores que te cuenten los diferentes resultados que otros alumnos han conseguido trabajando con ellos.

- **Certificación.** Tu monitor debería haber realizado un riguroso programa de entrenamiento y certificación, con una duración de nueve a doce meses. Los seminarios de fines de semana no proporcionan el suficiente entrenamiento a efectos de instrucción en el método Pilates.

- **Conocimiento.** Un monitor que haya realizado el trabajo del curso y que haya superado los exámenes correspondientes de anatomía, movimiento y método Pilates. Pregunta a los posibles candidatos si suelen reciclarse y actualizar sus conocimientos mediante una formación continua.

- **Seguridad.** Tu monitor debería comprender perfectamente cómo responde el cuerpo al ejercicio, cómo hay que modificar los ejercicios para adaptarlos a las necesidades individuales de los alumnos y cómo conducirlos a través de una rutina segura.

- **Paciencia y comprensión.** Deberías tener la sensación de que tu monitor está concentrado en ti y que sintoniza con tus necesidades, limitaciones y niveles de energía. Un buen monitor debe ser paciente contigo e interesarse por tu salud general.

Algunos monitores se han especializado en el método Pilates de rehabilitación e incluso pueden ejercer profesionalmente en una consulta de terapia corporal. Otros, en cambio, proceden de la danza o de cualquier actividad relacionada con el movimiento, y es posible que se concentren más en el fitness. Al igual que en cualquier otro ejercicio físico, tendrás que «salir de compras y ver escaparates» para encontrar el instructor que mejor se ajuste a tus necesidades.

El método Pilates y el ejercicio basado en el método Pilates

Al igual que otras muchas formas de ejercicio o prácticas de salud, existe una cierta confusión, polémica y división de opiniones respecto al método Pilates, y en el centro neurálgico de dicha polémica se halla el significado de «auténtico Pilates».

Algunos monitores del método Pilates creen que para sacar un buen provecho de los ejercicios hay que seguir estrictamente las enseñanzas y metodología de Joseph Pilates, mientras que otros opinan que existe un relativo margen para las adaptaciones.

El debate llegó a su punto más álgido en otoño de 2000, cuando un tribunal dictaminó que el nombre «Pilates» no podía comercializarse. Ahora, «Pilates» es un término genérico al igual que «yoga», y cualquiera que desee bautizar con él sus ejercicios puede hacerlo. De ahí que siempre tengas que solicitar las credenciales de cualquier posible candidato a monitor para asegurarte de que la instrucción que recibas sea precisa y segura. Con un poco de suerte, esta resolución proporcionará una mayor integración y estandarización en el orden internacional. (En la actualidad, en Estados Unidos se está constituyendo una asociación nacional de profesionales del método Pilates.)

Aunque dicho método es una disciplina estricta, con un programa específico, cada profesor con el que trabajes tendrá su propio estilo basado en su experiencia e interpretación de los ejercicios. Lo importante es trabajar con alguien que comprenda cómo funciona el cuerpo para que pueda conducirte a través de los ejercicios de una forma correcta y segura, y así obtengas el máximo beneficio.

Los cursos que se anuncian como «basado en el método Pilates» es posible que no sean auténtico Pilates y que no sean impartidos por monitores certificados. No lo olvides, pide siempre las credenciales.

Ofertas de cursos

Los estudios Pilates ofrecen diferentes tipos de cursos, y resulta difícil dar una orientación sobre su coste, ya que el precio puede oscilar de un lugar a otro. Cuando llames para matricularte, pregunta cuál es el tamaño del grupo —cuanto más reducido, tanto mejor—, qué cualificaciones tiene el monitor, qué atuendo hay que utilizar o cualquier otra cosa que se te ocurra. En algunos estudios te permitirán asistir a una clase como observador antes de matricularte. También deberías preguntar si el monitor hace seguimiento individual durante la clase para poder saber si estás realizando correctamente los ejercicios.

Tal vez desees visitar el estudio antes de tomar una decisión para captar la atmósfera que se respira en él. Echa un vistazo al local y fíjate en la energía que inunda el ambiente: ¿te sientes a gusto?, ¿es espacioso y aireado el estudio?, ¿es sugerente la forma como se imparten las clases?, ¿están limpios y en buenas condiciones los aparatos? Debes asegurarte de que tu experiencia será lo más agradable posible.

Una de las primeras cosas que oigo decir a la gente cuando les hablo de Pilates es: «Parece genial, pero es un lujo que no puedo permitirme». Estoy de acuerdo en que el coste de una clase particular resulta muy elevado para la mayoría de nosotros, pero también creo que el dinero que se destina a aprender a cuidar el cuerpo constituye la mejor inversión que se puede hacer. A largo plazo, el precio de la hora o de las cinco sesiones introductorias que vas a necesitar para iniciarte en el método Pilates seguirá siendo inferior al coste de una visita al médico o de matricularse en un gimnasio. ¡Y cuando hayas aprendido la forma básica, podrás practicarla gratuitamente durante el resto de la vida!

Aparatos

El centro de atención de este libro es el trabajo en la colchoneta, pero es posible que también quieras intentar ejercitarte en los aparatos del método Pilates. Básicamente, muchos de los movimientos y ejercicios que realizas en la colchoneta se pueden ejecutar igualmente en las máquinas bajo la supervisión de un monitor.

A algunos principiantes les podría resultar más fácil el aprendizaje de los fundamentos del método Pilates utilizando los aparatos, pues ayudan a soportar el peso del cuerpo durante el ejercicio, simplificando ligeramente la ejecución de los movimientos. Otros en cambio se sentirán más cómodos empezando con los ejercicios en la colchoneta. Un monitor cualificado puede ayudarte a decidir en qué aspecto del trabajo deseas centrar tu atención.

Al igual que los ejercicios de Pilates se pueden modificar y adaptar a las necesidades individuales, los aparatos también son regulables y se ajustan a la condición física de los alumnos principiantes y de los de nivel avanzado. Entre las máquinas y aparatos que verás en la mayoría de los estudios figura el cadillac, el reformador, los barriles, la silla y el círculo mágico.

Las máquinas de Pilates son algunos de los artefactos de aspecto más terrorífico que he visto jamás, pero no dejes que su apariencia te disuada de probarlos. La primera vez que vi el cadillac, no estaba segura de si se trataba de una máquina de tortura medieval o de algún tipo de mesa de examen ginecológica suspendida. Afortunadamente, no era ni una cosa ni otra, y lo cierto es que cuando adquirí un poco de práctica, me pareció muy fácil de usar.

El cadillac es una mesa de madera con un forro acolchado superior que se eleva alrededor de 1 m del suelo. A 1,20-1,50 m de cada pata de la mesa se levantan otros tantos postes metálicos, cuyos extremos se unen a un armazón rectangular, que también consta de postes metálicos. Parece una cama con dosel, pero sin el dosel. En cada extremo de la mesa, cuelgan unos muelles de los postes del dosel que están sujetos a barras de madera, parecidas a trapecios, y de los postes situados a los lados de la mesa cuelgan unas «esposas» acolchadas para los tobillos.

El reformador también es una mesa con la estructura de madera, que sólo se eleva alrededor de 0,30 cm del suelo y que dispone de un forro superior acolchado que se desliza adelante y atrás a lo largo del bastidor. Tanto el cadillac como el reformador son similares a los aparatos de pesas, aunque permiten realizar una extensión de movimientos mucho mayor y usan muelles en lugar de pesas para generar resistencia. Muchos de los ejercicios de estiramiento y fortalecimiento que se practican en la colchoneta también se pueden realizar en estas máquinas, además de ejercicios adicionales diseñados específicamente para el trabajo en los aparatos.

La silla y los barriles tienen forma de caja, son de madera acolchada y se utilizan para hacer ejercicios de estiramiento y fortalecimiento, mientras que el círculo mágico es un gran círculo de plástico, de unos 40 cm de diámetro, que se emplea para generar resistencia durante el fortalecimiento de los brazos, piernas, abdominales y tórax.

Puedes comprar un equipo de Pilates para usarlo en casa o bien utilizar las máquinas en un estudio durante una clase particular, semiparticular o colectiva.

Atuendo

Puedes llevar las mismas prendas que sueles utilizar para hacer ejercicio, tales como una camiseta y un pantalón corto, o un pantalón largo de sudadera. Algunos monitores prefieren que sus alumnos lleven prendas muy ceñidas para así poder apreciar con claridad la posición del cuerpo. Los ejercicios de Pilates se realizan sin zapatos, aunque puedes usar calcetines en la mayoría de ellos. Cuando estés de pie o utilices algunas máquinas, tal vez prefieras quitártelos.

Practicar en casa

Todo lo que necesitas para practicar el método Pilates en casa es un poco de espacio de suelo. Si lo practicas sobre un pavimento no enmoquetado, es preferible que utilices una colchoneta o una toalla gruesa. No hace falta gastarse mucho dinero o comprar una colchoneta especial para los ejercicios de Pilates. Las de camping, de espuma (1,5-2,5 cm de grosor), resultan muy adecuadas. Si por el contrario practicas los ejercicios sobre moqueta, es probable que no necesites una colchoneta.

La frecuencia con la que practiques los ejercicios o la duración de las sesiones dependerán de cuáles sean tus objetivos, de tu complexión, de tu nivel de fitness y de tus limitaciones físicas, si las hay. Si nunca has practicado ningún ejercicio físico o llevas mucho tiempo sin realizarlo, deberás reducir las sesiones iniciales a cinco o diez minutos. Será más que suficiente. Recuerda que en el método Pilates lo que cuenta es la calidad, no la cantidad.

Es importante reservar un tiempo especialmente dedicado a la práctica de estos ejercicios por lo menos dos veces por semana, y si es posible tres o cuatro. Busca una hora del día en la que puedas establecer una rutina regular. Espera al menos una hora después de una comida ligera antes de iniciar una sesión de trabajo, y entre una hora y media y dos horas después de una comida pesada.

Algunos monitores recomiendan trabajar en sesiones de una hora como máximo de tres a cinco veces por semana, aunque tal vez llegues a la conclusión de que un trabajo de treinta a cuarenta y cinco minutos se ajusta mejor a tu horario. En *Return to Life*, Pilates aconseja la práctica de cuatro sesiones semanales para poder constatar los primeros cambios en el cuerpo en un período de tres meses. Tu monitor puede iniciarte en una rutina diseñada específicamente para tu nivel de fitness y tus objetivos que luego podrás practicar tú solo.

Advertencia de salud: No hagas ningún ejercicio si estás enfermo o te sientes muy cansado.

Progresión en las sesiones

Los ejercicios de este libro están diseñados para que se realicen por orden. A la mayoría de la gente le resultará difícil completar toda la serie en una sola sesión. Por este motivo, he dividido la lista en segmentos más pequeños para que aprendas a incrementar poco a poco la duración e intensidad de la práctica.

Las etapas y los períodos horarios que se indican no son inmutables, sino meras directrices que te ayudarán a comprender cómo puedes planificar tus sesiones de trabajo. Así, por ejemplo, podrías pasar varias semanas realizando un máximo de cinco ejercicios o bien ser capaz de completar diez en la primera sesión. Recuerda que no debes comparar nunca tu progreso o tu cuerpo con el de otras personas. Evoluciona a tu propio ritmo.

Realiza los ejercicios lenta y deliberadamente. Trabaja con el mismo ritmo que utilizarías si estuvieras haciendo estiramientos, pero sin que sea tan lento que te haga perder la fluidez de los movimientos. Cuando adquieras más experiencia, acelera ligeramente el ritmo, encadenando rápidamente un ejercicio con el siguiente.

Por último, si sólo dispones de unos minutos para ejercitarte, es preferible realizar unos cuantos ejercicios que repetir el mismo.

- **5-15 minutos:** Empieza por el principio de la lista (p. 93) e intenta realizar cuatro o cinco ejercicios.

- **15-20 minutos:** Empieza por el principio de la lista e intenta realizar de cinco a diez ejercicios.

- **20-30 minutos:** Empieza por el principio de la lista e intenta realizar de diez a quince ejercicios.

- **30-45 minutos:** Empieza por el principio de la lista e intenta realizar dos series de cada ejercicio.

- **45-60 minutos:** Empieza por el principio de la lista e intenta realizar tres series de cada ejercicio.

8

Ejercicios de colchoneta

Muchos expertos consideran que los ejercicios de colchoneta son el núcleo esencial del trabajo de Joseph Pilates. Esta serie de ejercicios, realizados en una secuencia específica, se diseñaron para ayudar a la gente a fortalecer y estirar el cuerpo, recuperar una postura y un movimiento correctos, y aumentar la consciencia mente-cuerpo. Dado que los puede practicar cualquiera y en cualquier parte, constituyen el aspecto más accesible del método Pilates.

En este libro, de los treinta y cuatro ejercicios de colchoneta originales de Pilates, he incluido quince que resultan apropiados para alumnos principiantes y de nivel intermedio, omitiendo los ejercicios de nivel avanzado y otros que podrían suponer un riesgo de lesiones si no se ejecutan correctamente.

Si tienes la sensación de que quince ejercicios no es mucho, cuando empieces no tardarás en descubrir que la práctica y el dominio de los mismos te mantendrá totalmente ocupado, tanto si realizas una sesión de diez minutos como de una hora de duración. A tenor de lo que se observa en las ilustraciones, el método Pilates puede parecer fácil, pero si practicas los ejercicios como es debido, te resultarán un verdadero desafío.

Incluso los ejercicios básicos requieren un gran esfuerzo, ya que estarás utilizando músculos que probablemente no hayas usado con anterioridad. Muchos de los ejercicios incluyen modificaciones que permiten aumentar o disminuir la dificultad. No olvides que tu objetivo consiste en esforzarte para realizar movimientos de calidad, no interminables repeticiones.

Antes de leer las instrucciones, te aconsejo que revises la terminología de Pilates y los grupos de músculos en la figura 2.1 (p. 19).

Todas las instrucciones de los ejercicios, así como también la secuencia, se han seleccionado con la orientación de un monitor certificado en el método Pilates y con más de diez años de experiencia en enseñanza. Asimismo, los ejercicios han sido revisados, en términos de exactitud y seguridad, por otros dos monitores.

Algunos ejercicios o sus modificaciones pueden ser ligeramente diferentes de los ejercicios aprendidos en clase. Cuando hayas trabajado con distintos monitores verás que cada cual los interpreta y enseña a su manera.

Cómo seguir las instrucciones

Después de haber leído los siete primeros capítulos de este libro, lee lentamente y de principio a fin las instrucciones y consejos de cada ejercicio para familiarizarte un poco más con los movimientos que vas a realizar. A continuación, cuando estés listo para empezar, relee cada ejercicio antes de practicarlo. He procurado eliminar la jerga propia del método Pilates, aunque he definido algunos términos en el capítulo 6 para que no te pierdas si asistes a una clase en un estudio Pilates.

Como observarás, todos los ejercicios se ajustan al mismo formato, fácil de seguir, que incluye los puntos siguientes:

- *Denominación del ejercicio.*
- *Beneficios* que se pueden obtener practicando el ejercicio correcta y regularmente.
- *Instrucciones* que describen cómo hay que realizar el ejercicio.
- *Consejos y modificaciones* que facilitan más información acerca de la forma y el movimiento.
- *Precauciones* relacionadas con la salud o lesiones que podrían agravarse realizando el ejercicio.
- *Coeficiente* que indica el nivel del ejercicio para principiantes (I) o alumnos de nivel intermedio (II).
- *Ilustraciones* que reflejan la esencia de cada ejercicio. Sigue las instrucciones escritas y usa las ilustraciones sólo a modo de guía visual.

Advertencia de salud: Las precauciones y categorías de coeficiente deben utilizarse a modo de directrices generales. Como ya he mencionado en la página 72, es aconsejable consultar a un médico antes de empezar una nueva rutina de ejercicios. Si tienes cualquier patología o alguna duda al respecto, coméntalo con él. Si padeces osteoporosis, no realices ninguno de los ejercicios de flexión hacia delante. Te recomiendo asistir a unas cuantas clases en un estudio Pilates antes de empezar. De este modo, aprenderás a realizar correctamente los ejercicios.

Dependiendo de tu experiencia, complexión, estado

de salud y nivel de fitness, es posible que los ejercicios de coeficiente I te resulten tan duros como los de coeficiente II. En el caso de que un ejercicio te parezca demasiado difícil, pasa al siguiente. No sigas adelante si notas algún dolor, malestar, mareo o cualquier otra sensación desagradable.

Consejos para una práctica correcta

Los siguientes consejos se basan en las ocho directrices descritas en el capítulo 4.

Fluidez

A primera vista, las instrucciones pueden parecer largas, pero a medida que las leas detenidamente te darás cuenta de que, además de los trucos y modificaciones, contienen información relativa a todas las diferentes áreas de tu cuerpo que necesitan trabajar al unísono para practicar correctamente el ejercicio. Cuanto más practiques, más fácil te resultará integrar toda la información en la cabeza y en el cuerpo, y realizar los ejercicios con fluidez. Imagina que cada ejercicio es una danza en la que el cuerpo se mueve con delicadeza y precisión.

Longitud y fuerza

Mientras realices los movimientos de cada ejercicio, procura sentir el estiramiento cada vez que extiendas la columna vertebral o las extremidades. Mantén la fuerza y la estabilidad contrayendo los músculos del núcleo, es decir, siente los abdominales tirando hacia dentro, en dirección a la columna, y envolviendo la cintura. Visualiza unas extremidades largas y un amplio espacio entre las caderas y las costillas, los hombros y las orejas.

Aislamiento e integración

Concéntrate en los movimientos para poder aislar determinadas áreas del cuerpo cuando sea necesario e integrar diferentes músculos a fin de incrementar la estabilidad y la fuerza.

Alineación y asignación

No olvides mantener una alineación correcta durante los ejercicios. Procura que los hombros estén paralelos a las caderas; las rodillas y los tobillos en línea con las caderas; y los hombros tirando hacia abajo. Asimismo, asigna los músculos correctos para realizar movimientos específicos. No aproveches la inercia o viejas pautas de movimiento. De lo que se trata es de readiestrar los músculos para que funcionen de acuerdo con unas pautas óptimas.

Respiración

Algunas de las instrucciones de respiración en este libro pueden diferir de lo que podrías aprender en una clase. Las técnicas respiratorias pueden variar de un monitor a otro. Si te parece demasiado difícil coordinar los movimientos con la respiración, limítate a seguir inspirando y exhalando el aire durante el ejercicio. No contengas la respiración. Con la práctica serás capaz de empezar a integrar la respiración con tus movimientos.

Como regla general, respira por la nariz. Inspira al abrir o extender el cuerpo y exhala al cerrarlo o flexionar hacia delante. Utiliza la respiración para ayudar al movimiento.

Paciencia y persistencia

Tal vez tardes un poco en acostumbrarte a estos ejercicios, y un poquito más en comprenderlos por completo. Tómatelo con calma y no seas demasiado duro contigo mismo. Entretanto, disfruta aprendiendo más cosas acerca de tu cuerpo y entrenándolo a moverse con más fuerza, delicadeza y flexibilidad. Al igual que en cualquier nuevo ejercicio, se producirá una curva de aprendizaje, y al igual que cualquier objetivo que quieras alcanzar, tendrás que perseverar para triunfar. Imagina cómo vas a sentirte cuando empieces a obtener los beneficios de tu esforzado trabajo.

Comentario acerca de los abdominales

Cuando en las instrucciones se dice que hay que tirar de los abdominales hacia arriba y hacia dentro, en dirección a la columna vertebral, significa activar y alargar los músculos abdominales. Este movimiento contribuye a proteger la columna y la región lumbar durante el ejercicio. Algunos monitores del método Pilates emplean el término «ombligo hacia la columna» para referirse a este movimiento.

Es probable que no seas capaz de sentir los estratos

más profundos de tus músculos abdominales cuando tiras de ellos hacia arriba y hacia dentro, pero lo cierto es que ayudan a que se produzca el movimiento. Dichos estratos discurren horizontalmente alrededor de la cintura, y cuando se contraen, tiran hacia la columna vertebral como la parte superior de una bolsa de cordón al cerrarse.

El estrato superior de los músculos abdominales está constituido por el recto abdominal, que discurre verticalmente desde el hueso púbico hasta la caja torácica. Lo notarás cuando tires hacia arriba y hacia dentro, en dirección a la columna. Básicamente, la acción de tirar de los abdominales hacia dentro los aproxima a la columna vertebral, y la de tirar de ellos hacia arriba alarga el músculo. No contengas la respiración durante este movimiento; exhala al tirar de los abdominales hacia dentro. Ejercitar un músculo cuando está alargado ayuda a desarrollar su longitud y funcionalidad.

Visualiza la energía desplazándose desde el centro del recto abdominal hacia cada extremo del mismo para incrementar su longitud. Al principio, este concepto quizá te resulte difícil, pero poco a poco, con la práctica, irá adquiriendo un mayor sentido. Observa las ilustraciones de la página 55 para identificar la ubicación de los músculos abdominales.

Comentario acerca de los glúteos

Algunos monitores del método Pilates hacen un énfasis muy especial en la «contracción de los muslos y las nalgas» durante determinados ejercicios, con el fin de estabilizar y soportar la región lumbar, mientras que

otros parecen aplicar esta directriz según las característi-
cas físicas del alumno.

Cuando las instrucciones del ejercicio indican que
hay que contraer los muslos y las nalgas, no significa simplemente apretarlos entre sí. Intenta visualizar el área superior de la cara posterior de la pierna, donde se juntan
los músculos posteriores del muslo (tendón poplíteo) y
el glúteo inferior. Ésta es precisamente el área que debes
activar.

Ejercicios

Los ejercicios se deberían practicar en el orden siguiente:

Cien
Flexión abdominal con extensión hacia delante
Círculos con una pierna
Estiramiento de una pierna
Estiramiento de las dos piernas
Flexiones entrecruzadas
Estiramiento de la columna hacia delante
Sierra
Flexión de la pierna en tendido prono*
Flexión de piernas alternas en tendido prono*
Rotación de columna
Adelante/atrás*
Arriba/abajo*
Natación*
Posición del niño

* Al terminar cualquiera de los ejercicios que llevan un asterisco se debería realizar la Posición del niño, una postura de yoga que estira la espalda después de haber realizado una extensión de la columna vertebral.

Cien

Beneficios

Realiza un precalentamiento del cuerpo como preparación para los ejercicios restantes, estimula los pulmones y el corazón, incrementa el ritmo de la circulación y fortalece los músculos abdominales.

Instrucciones

1. Túmbate en el suelo, en tendido supino, con los brazos extendidos a los lados, la palma de las manos hacia abajo, las piernas juntas y respirando con normalidad. Antes de iniciar cualquier movimiento, inspira lentamente.

2. Exhala al flexionar las piernas y desplaza las rodillas hacia el pecho, primero una y luego la otra. Ajusta la posición de las piernas de manera que los muslos estén perpendiculares al suelo y la parte inferior de las piernas paralelas al suelo. En otras palabras, las piernas deberían formar un ángulo de 90º. Mantén juntos los tobillos y la cara interior de los músculos. Inspira.

3. Exhala mientras tiras de los músculos abdominales hacia la columna, al tiempo que curvas ligeramente la cabeza hacia delante, aproximando el mentón al pecho y elevando la parte superior del cuerpo del suelo, hasta que sientas la base de los omóplatos en contacto con la colchoneta. Utiliza los abdominales

CIEN

Figura 8.1

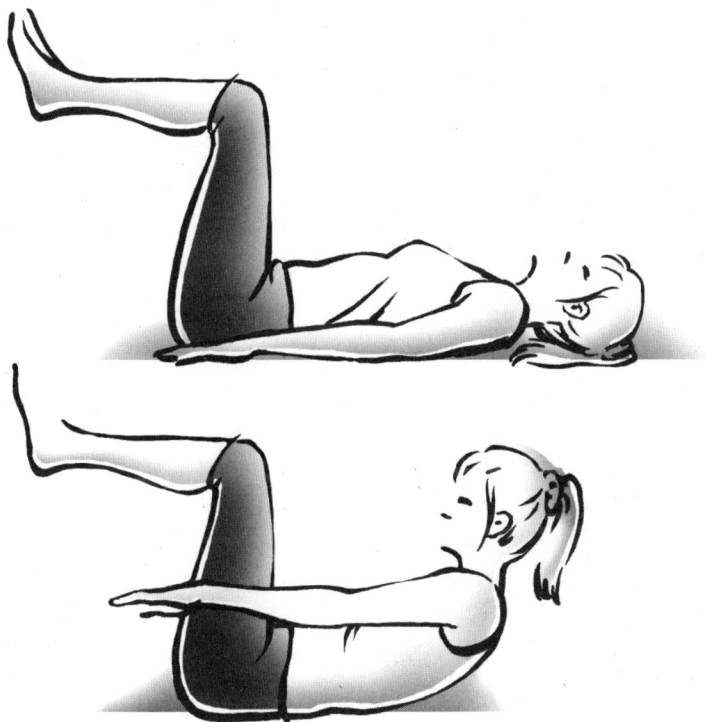

para estabilizar la espalda y controlar tu movimiento. Como observarás, los cuádriceps y los flexores de las caderas (músculos que se activan al desplazar la rodilla hacia el pecho) se contraen al elevar el cuerpo. Intenta relajar estos músculos para que sean los abdominales los encargados de realizar la mayor parte del trabajo.

Al elevar la parte superior del cuerpo, mantén los dos brazos rectos y paralelos al suelo, los hombros tirando hacia abajo, el pecho relajado y las puntas de los dedos tirando hacia delante.

4. Inspira hasta contar cinco, y luego exhala hasta contar cinco, mientras mantienes esta posición. Vuelve a tumbarte de espalda, haciendo rodar lentamente la columna vertebral por el suelo, vértebra a vértebra.

5. Repite el ejercicio de cinco a diez veces.

Consejos y modificaciones

- En el paso 4, realiza la inhalación inspirando en dirección a la espalda y las costillas.
- Añade longitud de los músculos abdominales; visualiza la energía fluyendo desde los dos extremos del músculo recto abdominal.
- Si el ejercicio te parece demasiado difícil, pon una almohada debajo de los hombros y otra más pequeña debajo de la cabeza. De este modo, elevarás un poco el cuerpo y te resultará más fácil incorporarte.
- Para aumentar la dificultad: En lugar de mantener los brazos en la posición elevada del paso 4, desplázalos

rápidamente arriba y abajo, con una extensión de movimiento de alrededor de 10-15 cm, con precisión y control, mientras inspiras hasta contar cinco y luego exhalando hasta contar cinco.

- Para aumentar la dificultad: En lugar de hacer el ejercicio con las rodillas flexionadas, inténtalo con las piernas rectas, en un ángulo de 45° con el suelo.
- Mientras la parte superior del cuerpo está elevada del suelo, continúa tirando de los abdominales hacia la columna. No permitas que empujen hacia fuera.
- Contrae la cara interior de los músculos y las nalgas (posteriores del muslo/glúteos inferiores) para incrementar la estabilidad de la región lumbar.

Precauciones: Si notas una cierta tensión en la nuca, vuelve a apoyar la cabeza en la colchoneta.

Coeficiente: I-II.

Flexión abdominal
con extensión hacia delante

Beneficios

Ejercita, estira y fortalece la columna vertebral, estira los músculos posteriores del muslo, o tendón poplíteo, desarrolla la fuerza en el núcleo y descomprime la región lumbar.

Instrucciones

1. Túmbate de espalda, en tendido supino, con los brazos extendidos por encima de la cabeza, las palmas de las manos hacia arriba y las piernas juntas.

2. Inspira al elevar los brazos hasta que estén perpendiculares con el cuerpo, tirando hacia el techo con las puntas de los dedos. Exhala al tirar de los abdominales hacia la columna y rodar lentamente hasta la posición de sentado, utilizando dichos músculos para estabilizar la espalda y controlar el movimiento. Mantén los brazos extendidos al frente, paralelos al suelo, tirando hacia delante con las puntas de los dedos.

3. Sigue exhalando al tiempo que continúas el rodamiento hacia delante, manteniendo los abdominales tirando hacia la columna, y estira el torso sobre las piernas, manteniendo la cabeza entre los brazos y superando la posición de los pies con las manos. No dejes que el cuerpo se desplome sobre las piernas. Procura mantener el torso separado de las caderas. Mien-

FLEXIÓN ABDOMINAL
CON EXTENSIÓN HACIA DELANTE

Figura 8.2

tras efectúas la flexión hacia delante, tira hacia delante con la parte superior de la cabeza. Intenta mantener la región lumbar pegada al suelo.

4. Con los abdominales tirando hacia la columna vertebral, inicia un lento rodamiento hacia atrás hasta recuperar la posición de tendido supino, vértebra a vértebra. Primero, inspira al elevar el cuerpo hasta la posición de sentado, y luego exhala durante el rodamiento hacia atrás, hasta quedar echado en la colchoneta.

5. Repite el ejercicio de tres a cinco veces.

Consejos y modificaciones

- Utiliza la respiración para controlar el movimiento.
- Contrae la cara interior de los muslos y las nalgas (músculos posteriores del muslo o tendón poplíteo/ glúteos inferiores) para incrementar la estabilidad de la región lumbar. No cierres las rodillas.
- Para conseguir una mayor estabilidad, aprieta una pequeña pelota de goma o un cojín entre las rodillas, y otro entre los tobillos.
- Asegúrate de que el mentón está apuntando hacia el pecho y de que no tiras con la cabeza o la nuca al rodar hacia delante o hacia atrás.
- Mantén los hombros tirando hacia abajo, con el pecho relajado.
- Para que te resulte más fácil realizar el ejercicio, puedes mantener las piernas flexionadas, con los pies apoyados en el suelo y los talones a unos 30 cm de las

nalgas. Mantén apoyados los pies en el suelo durante todo el ejercicio.

- Si la elevación del cuerpo te supone un esfuerzo excesivo, empieza desde una posición de sentado, con la espalda erguida, las piernas flexionadas y los pies firmemente apoyados en el suelo. Coloca la mano derecha debajo del muslo derecho, y la izquierda debajo del muslo izquierdo. Utilizando los abdominales para estabilizar y controlar el movimiento, inicia un lento rodamiento del cuerpo hacia el suelo, vértebra a vértebra, desde la rabadilla hasta la cabeza, hasta que los brazos estén extendidos y paralelos al suelo. (Te inclinarás hacia atrás, pero la mayor parte de la espalda no tocará el suelo.) Vuelve a rodar, esta vez hacia delante, hasta recuperar la posición de sentado, usando los abdominales para controlar el movimiento.
- También puedes utilizar una banda de ejercicios para modificar el ejercicio. Empieza desde una posición de sentado, pasa la banda alrededor de los pies y apóyate en ella mientras ruedas hasta el suelo, vértebra a vértebra.

Precauciones: Si notas cierta tensión en la nuca, túmbate en la colchoneta. Ve con cuidado si tienes dolores lumbares.

Coeficiente: I.

Círculos con una pierna

Beneficios

Fortalece e incrementa la movilidad en las articulaciones de la cadera, estira los músculos posteriores del muslo, o tendón poplíteo, y los músculos aductores (cara interior de los muslos), así como los músculos abductores y el tensor de la fascia lata (músculos de la cara exterior de los muslos).

Instrucciones

1. Túmbate en tendido supino, con los brazos extendidos a los lados, las palmas de las manos hacia abajo y las piernas juntas. Inspira antes de iniciar el movimiento.

2. Al exhalar, tira de los abdominales hacia la columna para estabilizar la región lumbar y desplaza la rodilla derecha hacia el pecho. A continuación, eleva la pierna derecha hasta que quede perpendicular al suelo, manteniendo la pierna recta. Si no puedes mantenerla extendida, flexiona ligeramente la rodilla. Haz girar un poco la pierna elevada de manera que el talón apunte hacia la pierna apoyada en el suelo y los dedos de los pies estén orientados hacia el costado derecho del cuerpo.

3. Mantén el cuerpo firmemente apoyado en el suelo, en especial la cara posterior de las caderas. Imagina que la pelvis está sosteniendo en equilibrio un gran cuenco

CÍRCULOS CON UNA PIERNA

Figura 8.3

de agua y que tu objetivo consiste en hacer el ejercicio sin salpicar. Dicho de otro modo, el cuenco no debe desplazarse de un lado a otro ni de arriba abajo. Cuanto más estable esté la región lumbar, más fácil te resultará aislar los músculos aductores, concentrarte en la articulación de la cadera y disponer de una libre extensión de movimiento en las caderas.

4. Respira con normalidad, describiendo un pequeño círculo en el aire con el pie derecho en el sentido de las manecillas del reloj. Describe otros cinco círculos. Luego describe seis círculos en la dirección opuesta. Acto seguido, desplaza de nuevo la rodilla derecha hacia el pecho y luego desciéndela hasta el suelo.

5. Repite el ejercicio seis veces con la pierna izquierda elevada.

Consejos y modificaciones

- Al describir los círculos, procura relajar los flexores de las caderas (músculos situados frente a las caderas), recurriendo a los músculos de la cara interior del muslo para facilitar la rotación de la pierna.
- No bajes demasiado la pierna elevada ni arquees la espalda sobre la colchoneta. Mantén la región lumbar firmemente pegada al suelo y los abdominales contraídos.
- Cuando adquieras más experiencia, podrás realizar círculos más amplios siempre que el movimiento sea preciso y controlado.
- Puede ser un ejercicio difícil de realizar, sobre todo

por la mañana al levantarte de la cama, cuando los músculos posteriores del muslo, o tendón poplíteo, están tensos. Si te supone un esfuerzo excesivo describir círculos con una pierna elevada, pasa una banda de ejercicios alrededor del pie de la pierna extendida, sujetando los dos extremos con una mano para controlar mejor los círculos. Asimismo, puedes flexionar la pierna en un ángulo de 90° (pantorrilla paralela al suelo) y describir círculos con la pierna flexionada. Otra posibilidad consiste en mantener extendida la pierna elevada y flexionar la pierna de apoyo, presionando en el suelo con el pie.

Precauciones: Ten cuidado si sufres dolores lumbares o problemas de cadera.

Coeficiente: I.

Estiramiento de una pierna

Beneficios

Estira y fortalece las piernas y la región lumbar, fortalece los músculos abdominales y aumenta la coordinación y movilidad de las articulaciones de la cadera y la rodilla.

Instrucciones

1. Túmbate en tendido supino, con los brazos extendidos a los lados, las palmas de las manos hacia abajo y las piernas juntas. Antes de iniciar el movimiento, inspira lentamente.

2. Exhala mientras tiras de los abdominales hacia la columna y eleva del suelo la parte superior del cuerpo mientras inicias el rodamiento de la cabeza hacia delante, aproximando el mentón al pecho, hasta sentir la base de los omóplatos tocando el suelo. Al mismo tiempo, tira de las rodillas hacia el pecho, primero una y luego la otra. Pon las manos en las piernas, justo debajo de las rodillas.

3. Mientras inspiras, coloca la mano derecha en la rodilla izquierda y la mano izquierda en la parte exterior de la pierna izquierda, a medio camino entre la pantorrilla y el tobillo. Esta posición de la mano contribuirá a mantener la pierna alineada con las caderas mientras te mueves. Extiende la pierna derecha hasta que forme un ángulo de 45° con el suelo.

ESTIRAMIENTO DE UNA PIERNA

Figura 8.4

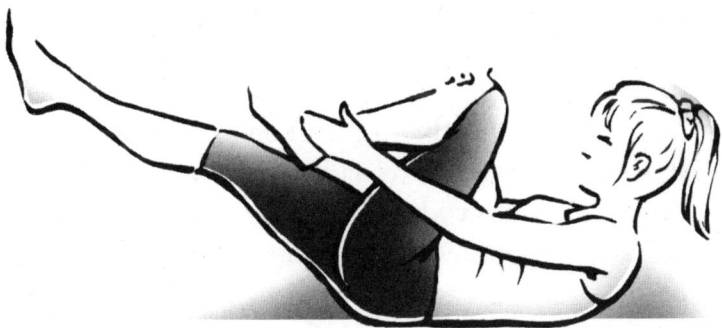

4. Mientras exhalas lentamente, cambia la posición de las piernas, extendiendo la pierna izquierda en un ángulo de 45° con el suelo y desplazando la rodilla derecha hacia el pecho. También deberás cambiar la posición de las manos, de tal modo que la mano izquierda quede situada sobre la rodilla derecha y la mano derecha se desplace hasta la parte exterior de la pierna de este mismo lado, a medio camino entre la pantorrilla y el tobillo. Sigue tirando de los abdominales hacia la columna y mantén la región lumbar firmemente apoyada en el suelo.

5. Continúa con el ejercicio, inspirando para realizar un movimiento completo (extensión y flexión de una pierna) y luego exhalando para efectuar otro movimiento completo. Repítelo de cinco a diez veces.

Consejos y modificaciones

• Mantén inmóvil la parte superior del cuerpo; sólo deberían moverse los brazos y las piernas.

• Mantén el pecho abierto, los hombros en línea, los flexores de la cadera relajados, los hombros tirando hacia abajo y los codos despegados del suelo. El torso no debería girar durante el movimiento de las piernas.

• Coordina el movimiento con la respiración, inspirando por la nariz y exhalando por la boca.

Precauciones: Si tienes algún problema en las rodillas, coloca la mano derecha debajo del muslo y la izquierda debajo de la rodilla para soportarla mejor en el paso 3. Si notas algún dolor en la nuca, apoya la cabeza en un pequeño cojín o túmbate de espaldas en la colchoneta.

Coeficiente: I.

Estiramiento de las dos piernas

Beneficios

Fortalece y estira las piernas, fortalece los músculos abdominales, estira los brazos, aumenta la coordinación y moviliza las articulaciones de los hombros.

Instrucciones

1. Túmbate en tendido supino, con los brazos extendidos a los lados, las palmas de las manos hacia abajo y las piernas juntas. Antes de iniciar el movimiento, inspira lentamente.

2. Exhala mientras tiras de los abdominales hacia la columna y eleva del suelo la parte superior del cuerpo mientras inicias el rodamiento de la cabeza hacia delante, aproximando el mentón al pecho, al tiempo que tiras de las rodillas hacia el tórax y colocas las manos sobre las piernas, justo debajo de las rodillas.

3. Mientras inspiras lentamente, extiende las piernas hasta que formen un ángulo de 45-60° con el suelo, eleva los brazos por encima de la cabeza hasta que queden alineados con las orejas. Mantén los abdominales tirando hacia la columna y visualiza la energía saliendo a través de las puntas de los dedos de las manos y de los pies mientras extiendes los brazos y las piernas. Visualiza también el alargamiento del recto abdominal.

ESTIRAMIENTO DE LAS DOS PIERNAS

Figura 8.5

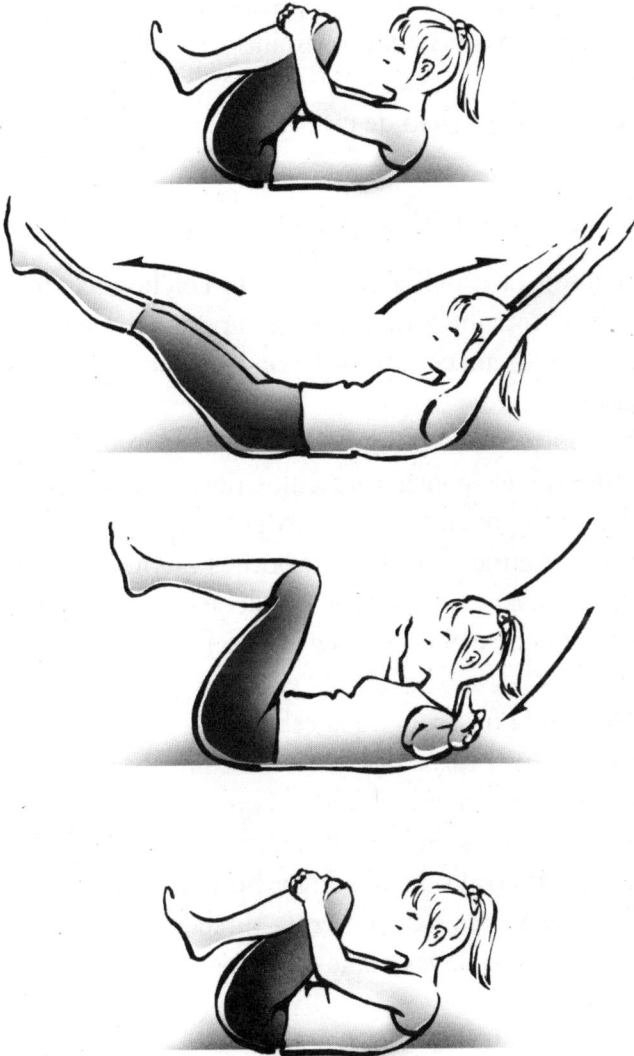

4. Mientras exhalas lentamente, desplaza los brazos desde su posición extendida, alejándolos del cuerpo, hasta quedar en línea recta y perpendicular a éste. Mientras sigues desplazando los brazos hacia delante, tira de nuevo de las rodillas hacia el pecho y coloca las manos sobre las piernas, justo debajo de las rodillas. Mantén los abdominales tirando hacia la columna.

5. Repite el ejercicio de cinco a diez veces.

Consejos y modificaciones

- Mantén la espalda pegada a la colchoneta durante todo el movimiento. La parte superior del cuerpo debería permanecer inmóvil, con el pecho abierto y relajado.

- Si contraes los músculos de la cara interior de los muslos y las nalgas (músculos posteriores superiores del muslo, o tendón poplíteo/glúteos inferiores) mientras extiendes las piernas, podrás mantener las piernas juntas. Las piernas no deben superar la línea situada entre el hombro y la cadera durante la extensión.

- Mantén la posición de la cabeza y la nuca cuando extiendas los brazos por encima de la cabeza y durante todo el movimiento. No dejes que la cabeza se desplome hacia atrás. Si necesitas más apoyo, coloca una almohada o cojín debajo de los hombros y la cabeza.

- Recuerda tirar siempre en la dirección de las puntas de los dedos de las manos y de los pies.

Precauciones: Ten cuidado si tienes problemas lumbares. Si notas algún dolor, detente de inmediato.

Coeficiente: I.

Flexiones entrecruzadas

Beneficios

Fortalece los músculos abdominales, trabajándolos en diagonal para fortalecer los oblicuos, crea una mayor longitud en el torso y mejora la coordinación y el equilibrio.

Instrucciones

1. Túmbate en tendido supino, con las puntas de los dedos de las manos situadas a los lados de la cabeza y las piernas juntas. Inspira antes de iniciar el movimiento.

2. Exhala mientras tiras de los abdominales hacia la columna para estabilizar el cuerpo, desplaza la rodilla derecha hacia el pecho y eleva la pierna izquierda extendida en un ángulo de 45°. Al mismo tiempo, tira lentamente de la cabeza hacia delante, aproximando el mentón al pecho, y eleva del suelo la parte superior del cuerpo hasta que sientas la base de los omóplatos apoyados en el suelo. No tires hacia delante con la cabeza; eleva el cuerpo utilizando los abdominales. Inspira y luego continúa respirando con normalidad.

3. Haz girar hacia la derecha la parte superior del torso, manteniendo los codos extendidos hacia los lados y el pecho abierto, tirando hacia la rodilla derecha con el hombro izquierdo. Recuerda que el objetivo de este ejercicio no consiste en tocar la rodilla con el codo o el hombro. Te resultará más fácil si bajas un poco el

FLEXIONES ENTRECRUZADAS

Figura 8.6

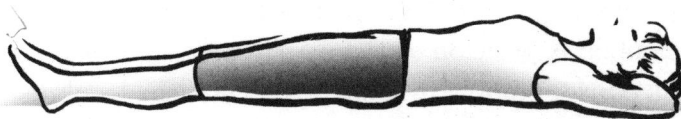

mentón hacia el pecho mientras giras la cabeza. No generes el movimiento con el codo o el hombro; elévate y gira a partir de la cintura.

4. Gira de nuevo hacia el centro mientras cambias la posición de las piernas, extendiendo la pierna derecha en un ángulo de 45° y desplazando la rodilla izquierda hacia el pecho. Tira hacia el interior de la rodilla izquierda con el hombro derecho. Si lo deseas, puedes bajar un poco la parte superior del cuerpo al cambiar la posición de las piernas, pero sigue manteniendo los omóplatos despegados del suelo, los abdominales contraídos y la cara posterior de las caderas apoyadas firmemente en la colchoneta. Mantén el torso lo más inmóvil posible y procura que el cuerpo no se desplace de un lado a otro.

5. Repite esta secuencia de tres a cinco veces.

Consejos y modificaciones

• No utilices los brazos para elevar el cuerpo o para tirar de la cabeza hacia delante. Podrías sobrecargar la nuca. Usa los abdominales para iniciar y controlar el movimiento, y no generes los giros con los hombros. A menos que seas increíblemente flexible y fuerte, te resultará imposible tocar la rodilla con el codo. No olvides extender bien los codos durante todo el ejercicio, manteniéndolos alineados con las orejas.

• De lo que se trata en este ejercicio es de alargar los oblicuos (costados del torso). Así pues, cuando gires el torso hacia un lado, procura sentir la extensión en el lado opuesto. Básicamente, mientras un lado se contrae, el otro se alarga, y los abdominales trabajan diagonalmente.

- Siente la extensión en las piernas al tirar con la punta de los dedos de los pies de la pierna extendida hacia la pared opuesta. La contracción de la cara interior de los muslos y mantener las rodillas juntas te ayudará a conservar la alineación de las piernas con las caderas. No dejes que la pierna extendida se desplome.

- Mantén el pecho y la nuca relajados. Mira al frente y procura que el mentón no se desplome sobre el tórax. Al efectuar el giro del tronco, baja un poco el mentón y mira un poco más allá del codo.

- Concéntrate en la contracción de la sección superior de los músculos abdominales, justo debajo del esternón, que facilita la rotación de la parte superior del torso. Visualiza la caja torácica como una espiral que envuelve la columna vertebral. Gira lentamente y mantén el movimiento de rotación mientras tiras de nuevo con el codo. Exhala completamente con el giro, como si quisieras vaciar de aire los pulmones. No olvides elevar y girar a partir de la cintura; la nuca y los hombros deberían permanecer relajados.

Precauciones: Ten cuidado si tienes problemas de nuca o de hombros.

Coeficiente: II.

Estiramiento de la columna hacia delante

Beneficios

Estira la columna vertebral, trabaja los estratos más profundos de los músculos abdominales, fomenta una buena postura, estira los músculos posteriores del muslo y mejora la respiración al conferir una mayor elasticidad a los músculos de la caja torácica.

Instrucciones

1. Siéntate en el suelo con las piernas extendidas, los pies más abiertos que la anchura de caderas y los brazos extendidos al frente, paralelos al suelo. Adopta una posición erguida (incorpórate sobre los extremos pélvicos), con una buena postura, los músculos abdominales contraídos, la cabeza alta, los hombros alineados sobre las caderas, el pecho ligeramente elevado y los tobillos flexionados, presionando en el suelo con los talones.

2. Al inspirar, eleva el torso a partir de las caderas, extendiendo la columna como si alguien estuviera tirando de ti a través de una cuerda sujeta a la parte superior de la cabeza.

3. Al exhalar, siempre tirando de los abdominales hacia la columna, haz rodar el mentón hacia delante, en dirección al pecho, y sigue desplazándote hacia delante, controlando el movimiento con los abdominales. No olvides mantener la elevación del torso a partir de las

ESTIRAMIENTO DE LA COLUMNA HACIA DELANTE

Figura 8.7

caderas y la extensión a través de la parte superior de la cabeza, formando una C con la región lumbar. Mientras tiras hacia delante con las puntas de los dedos de las manos y la parte superior de la cabeza, visualiza que llevas puesta una gran toalla envuelta alrededor del estómago y que alguien situado de pie detrás de ti tira de ella.

4. Continúa el rodamiento del cuerpo hacia delante sobre las piernas. Concéntrate en la extensión de los brazos, tirando de las puntas de los dedos como si alguien te estuviera sujetando y tirando de ti suavemente hacia delante.

5. Supera la posición de los dedos de los pies e inspira ligeramente, llenando de aire la caja torácica mientras regresas lentamente a la posición de sentado original, efectuando un rodamiento hacia atrás de la espalda, vértebra a vértebra. Exhala.

6. Repite el ejercicio de tres a cinco veces.

Consejos y modificaciones

- Si te resulta difícil sentarte en esta posición, intenta elevar un poco la pelvis con una toalla doblada o una colchoneta.
- Si no puedes mantener las piernas rectas, flexiónalas o coloca toallas enrolladas debajo de las rodillas a modo de apoyo. No cierres las rodillas.
- Asegúrate de tirar siempre de los abdominales hacia la columna vertebral y de controlar el movimiento con

los abdominales. No realices ninguna flexión a la altura de las caderas.

- Extiende bien los brazos, las piernas y la columna vertebral, contrayendo la cara interior de los muslos y las nalgas (músculos posteriores superiores del muslo, o tendón poplíteo/glúteos inferiores) para incrementar la estabilidad.

- Una versión más simple consiste en sentarse en la posición inicial, y luego, durante el rodamiento del cuerpo hacia delante, mantener apoyadas las manos en el suelo, entre los muslos, con los dedos apuntando hacia los pies. Al flexionar sobre las piernas, desplaza poco a poco las manos hacia delante, manteniendo el contacto con el suelo. No serás capaz de moverte tan lentamente como en el ejercicio original, pero obtendrás los mismos beneficios.

Precauciones: No hagas este ejercicio si tienes osteoporosis.

Coeficiente: I.

Sierra

Beneficios

Estira los músculos posteriores del muslo y fortalece los músculos del núcleo, facilita la respiración en su fase de exhalación, expeliendo totalmente el aire para preparar una inspiración profunda.

Instrucciones

1. Siéntate en el suelo con las piernas extendidas, los pies más abiertos que el ancho de caderas y los brazos extendidos a cada lado del cuerpo, a la altura de los hombros y paralelos al suelo. Adopta una posición erguida (sobre los extremos pélvicos), con una buena postura, los músculos abdominales contraídos, la cabeza alta, los hombros alineados sobre las caderas, los omóplatos presionando planos contra la espalda y el pecho levemente elevado.

2. Al inspirar, estira la columna vertebral, extendiendo la cabeza como si alguien estuviera tirando de ti a través de una cuerda sujeta a la parte superior de la misma, y eleva el torso a partir de las caderas. Tira de los abdominales hacia la columna.

3. Al exhalar, gira el torso hacia la izquierda, controlando el movimiento con los músculos abdominales. Mantén las piernas y las nalgas pegadas al suelo. Siente la extensión de los brazos mientras tiras hacia delante con la punta de los dedos de las manos. Despla-

SIERRA

Figura 8.8

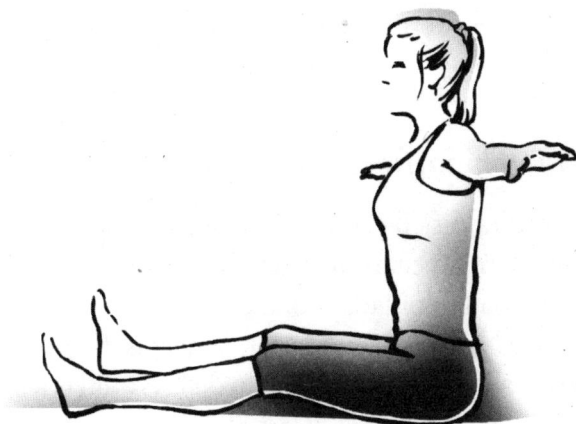

za el cuerpo hacia delante, sobre las piernas, mientras estiras la mano derecha hasta que el dedo meñique de la mano toque —pueda «aserrar»— el dedo meñique del pie. Mantén la extensión de la columna vertebral.

4. Siempre con los abdominales tirando hacia la columna, regresa lentamente hasta la posición erguida original mientras inspiras. Repite el ejercicio con el lado opuesto del cuerpo y luego repite la secuencia de tres a cinco veces.

Consejos y modificaciones

- Si te resulta difícil sentarte en esta posición y mantener las piernas rectas, intenta elevar un poco la pelvis con una toalla doblada o una colchoneta.
- Si no puedes mantener las piernas rectas, flexiónalas o coloca toallas enrolladas debajo de las rodillas a modo de apoyo.
- Mantén los pies flexionados, extendiéndolos a través de los talones.
- No muevas las caderas. Deberías controlar el movimiento con los abdominales y sentir un estiramiento en el costado al tocar el dedo meñique del pie. Procura relajar los flexores de las caderas.

Precauciones: No hagas este ejercicio si padeces osteoporosis o tienes dolores en los hombros, en la nuca o en la región lumbar.

Coeficiente: II.

Flexión de la pierna en tendido prono

Beneficios

Estira los cuádriceps (músculos anteriores de los muslos), fortalece los músculos posteriores del muslo y trabaja los bíceps y tríceps.

Instrucciones

1. Túmbate en tendido prono, con los brazos flexionados frente a ti y la frente apoyada en las manos. Las palmas de las manos deben estar apoyadas en el suelo. Mantén las piernas juntas, con los dedos ligeramente estirados. Tira de los abdominales hacia la columna y presiona el hueso púbico contra el suelo.

2. Eleva el pecho del suelo e impúlsate con los brazos, de manera que los antebrazos queden apoyados en el suelo, frente a ti, con los puños cerrados. El pulgar debe quedar en la parte superior del puño. Los codos deberían estar alineados con los hombros (si sientes una excesiva presión en la región lumbar, desplaza los brazos un poco hacia delante para bajar la mitad superior del cuerpo). Mantén el pecho relajado, los hombros tirando hacia abajo y mira al frente, hacia el suelo, a escasos centímetros de los puños, para mantener la nuca recta.

3. Sin dejar de presionar el hueso púbico contra el suelo y de contraer los abdominales, flexiona la rodilla derecha, desplazando el talón hacia las nalgas. Nota-

FLEXIÓN DE LA PIERNA
EN TENDIDO PRONO

Figura 8.9

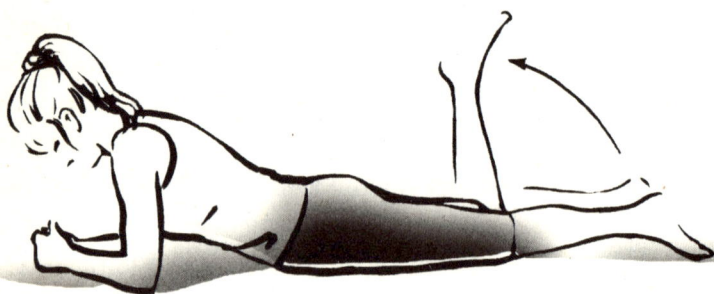

rás la acción de los músculos posteriores del muslo. Mantén los dedos de los pies estirados y las rodillas juntas. Luego, baja la pierna hasta el suelo (también notarás la acción de los músculos posteriores del muslo) mientras desplazas el talón izquierdo hacia las nalgas.

4. Repite esta secuencia de cinco a diez veces, inspirando al subir y bajar la pierna derecha, y exhalando al hacerlo con la pierna izquierda. A continuación, realiza el ejercicio Posición del niño de la página 144.

Consejos y modificaciones

- Para incrementar el estiramiento en la espalda y la cara anterior de las piernas, flexiona ligeramente el tobillo al elevar la pierna, extendiendo completamente el talón, y estira un poco los dedos, mientras bajas la pierna.
- Para aumentar la dificultad, después de desplazar el talón hacia las nalgas, haz rebotar la pierna flexionada un par de veces (hacia la parte posterior de la cabeza) antes de iniciar el descenso.
- Protege la región lumbar manteniendo los abdominales contraídos y el hueso púbico presionado contra el suelo. Las caderas deben elevarse un poco del suelo.

Precauciones: No hagas este ejercicio si tienes problemas de rodillas.

Coeficiente: II.

Flexión de piernas alternas en tendido prono

Beneficios

Fortalece y estira los hombros y la región intermedia de la espalda, trabaja la cara posterior de las piernas y las nalgas.

Instrucciones

1. Túmbate en el suelo en tendido prono, con el lado derecho de la cabeza apoyado en el suelo y las piernas juntas. Coloca la mano derecha en la región lumbar, con la palma hacia arriba, y la mano izquierda sobre la derecha, con la palma igualmente hacia arriba.

2. Tira de los abdominales hacia la columna y presiona las caderas y el hueso púbico contra el suelo para estabilizar la pelvis y anclar el cuerpo en el suelo. Antes de iniciar el movimiento inspira lentamente.

3. Al exhalar, aprieta la cara interior de los muslos, contrae los glúteos y desplaza los talones hacia las nalgas.

4. Al inspirar, eleva el pecho del suelo y desplaza las manos (la izquierda inmóvil y apoyada en la derecha) a tu espalda, hasta las nalgas, con las palmas mirando hacia la parte posterior de la cabeza. Al mismo tiempo, baja las piernas hasta el suelo. Realiza estos dos movimientos con una sola acción continuada. Mira

FLEXIÓN DE PIERNAS ALTERNAS EN TENDIDO PRONO

Figura 8.10

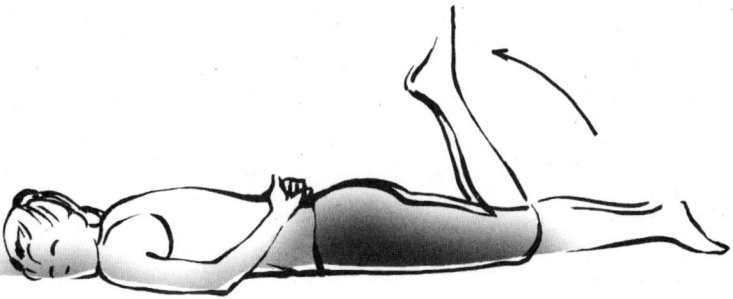

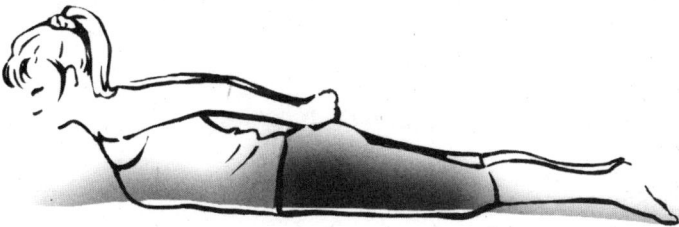

al suelo, a 30-50 cm al frente para mantener la nuca recta.

5. Exhala mientras bajas el pecho hasta el suelo, suelta los brazos y desplaza de nuevo las manos hasta la región lumbar. Apoya el lado izquierdo de la cabeza en el suelo. Repite la secuencia de cinco a diez veces. A continuación, realiza el ejercicio Posición del niño de la página 144.

Consejos y modificaciones

- Para proteger la espalda, mantén los abdominales tirando hacia la columna, y las caderas y el hueso púbico firmemente presionados contra el suelo.
- Protege la nuca; no extiendas la cabeza hacia atrás al elevar el pecho del suelo.
- Si sientes dolor en las rodillas, reduce la extensión del movimiento (no flexiones tanto las piernas).
- Debes percibir el movimiento en los músculos posteriores del muslo, al tiempo que visualizas el alargamiento de los cuádriceps y los flexores de las caderas durante la elevación de las piernas.

Precauciones: No realices este ejercicio si tienes problemas de espalda, de hombros o de rodillas.

Coeficiente: II.

Rotación de columna

Beneficios

Fomenta la rotación de la columna vertebral, estira los músculos de la columna y facilita la exhalación total del aire antes de una inspiración profunda.

Instrucciones

1. Siéntate en el suelo con las piernas estiradas y juntas. Adopta una posición erguida (incorpórate sobre los extremos pélvicos), con una buena postura, los músculos abdominales contraídos, la cabeza alta, los hombros alineados sobre las caderas, el pecho levemente elevado y los tobillos flexionados, tirando de los talones.

2. Eleva los brazos de manera que queden extendidos a cada lado del cuerpo e incluso con los hombros, paralelos al suelo. Al inspirar, elévate a partir de las caderas, extendiendo la columna vertebral e irguiéndote, y exhala mientras giras lentamente el torso hacia la izquierda. Las caderas deberían permanecer estables y los brazos extendidos a cada lado del cuerpo. Visualiza la caja torácica girando alrededor de la columna.

3. Inspira y regresa a la posición central. Luego, al exhalar, gira hacia la derecha, mantén los abdominales contraídos y los brazos nivelados con los hombros y paralelos al suelo. Mantén el pecho abierto y una pos-

ROTACIÓN DE COLUMNA

Figura 8.11

tura correcta. Extiende la columna, relaja la nuca y aleja los hombros de las orejas. Inspira y regresa a la posición central.

4. Repite la secuencia de cinco a diez veces.

Consejos y modificaciones

- A la mayoría de la gente le resultará difícil sentarse en esta posición. Utiliza una colchoneta o una manta doblada para elevar un poco la pelvis y poder sentarte sin sobrecargar las piernas. Si es necesario, puedes colocar un pequeño cojín debajo de cada rodilla para disponer de un mayor apoyo.
- Debes permanecer firmemente pegado al suelo desde los extremos pélvicos hasta los talones durante todo el ejercicio. La contracción de la cara interior de los muslos te ayudará a anclar el cuerpo a la colchoneta durante el movimiento.
- Al moverte, también debes sentir una extensión en las piernas. Mantén las caderas estables, de manera que una pierna no se extienda más que la otra. Visualiza un tablón de madera presionado contra el abdomen. Las caderas deberían permanecer en contacto con el tablón.
- Mantén los abdominales tirando hacia la columna vertebral.

Precauciones: Realiza un movimiento lento para evitar las sobrecargas musculares.

Coeficiente: II.

Adelante/atrás

Beneficios

Incrementa la fuerza y la movilidad de las articulaciones de las caderas, trabaja los músculos abdominales y estira y fortalece los muslos y las nalgas.

Instrucciones

1. Túmbate sobre el lado izquierdo, con la cabeza apoyada en el brazo de ese mismo lado y las piernas juntas. Flexiónate un poco a la altura de las caderas y desplaza los pies hacia delante de 30 a 60 cm para que el cuerpo quede ligeramente angulado. Mantén los tobillos un poco flexionados. Apoya la mano derecha en el suelo, con la palma hacia abajo y los dedos apuntando en la misma dirección que la cabeza para formar un «caballete» que soporte el tronco. El caballete debería presionar contra el vientre.

2. Tira de los abdominales hacia la columna para estabilizar el torso y eleva la pierna derecha de manera que los pies queden separados a una distancia equivalente a la anchura de las caderas. Mientras inspiras, realiza un movimiento lento y controlado para desplazar la pierna derecha hacia delante, con el tobillo flexionado y manteniendo las dos piernas estiradas. La pierna derecha y el borde interior del pie derecho deben estar paralelos al suelo durante todo el movimiento. Siente el estiramiento en la parte posterior de la pierna derecha al extender el talón. También pue-

ADELANTE/ATRÁS

Figura 8.12

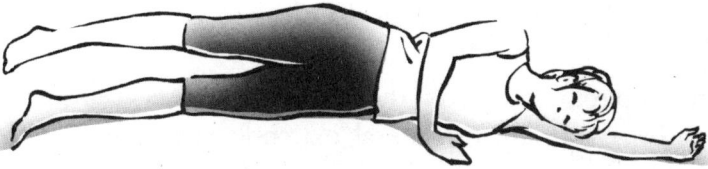

des percibir un estiramiento en las nalgas (músculos posteriores superiores del muslo), los músculos posteriores del muslo, las pantorrillas y el talón.

3. Sin dejar de mantener la estabilidad con los abdominales, exhala al tiempo que desplazas la pierna derecha hacia atrás, por detrás del cuerpo, estirando ligeramente los dedos de los pies. Siente la extensión en la cara anterior de la pierna. También puedes percibir un estiramiento en la cara anterior de la cadera, en el muslo, mentón y dedos del pie.

4. Repítelo de cinco a diez veces. Si deseas realizar un buen estiramiento lateral, extiende hacia atrás la pierna elevada y extiende en diagonal el brazo de apoyo. Luego, repite el ejercicio y el estiramiento con el lado opuesto del cuerpo. A continuación, realiza el ejercicio Posición del niño de la página 144.

Consejos y modificaciones

- Mantén la pierna y el pie elevados y paralelos al suelo durante todo el movimiento.
- A algunas personas les resulta más cómodo tumbarse en esta posición colocando un pequeño cojín debajo de la cintura.
- No utilices el brazo como apoyo para realizar el movimiento. Debes estabilizar y mantener la posición del cuerpo con la ayuda de los músculos del núcleo.
- Las caderas deberían permanecer estables, con la cadera superior alineada verticalmente sobre la inferior. Imagina que tienes una varilla de acero que pasa a tra-

vés de las dos caderas y que llega hasta el suelo, y que no puedes desplazar las caderas hacia delante, hacia atrás, hacia arriba ni hacia abajo. Imagina que lo mismo sucede con los hombros.

- Para aumentar la dificultad del ejercicio, cuando desplaces la pierna hacia delante, hazla rebotar dos veces al llegar al límite de la extensión del movimiento.
- Debería quedar un pequeño espacio entre la cintura y el suelo.

Precauciones: Ve con cuidado si tienes problemas lumbares o de caderas.

Coeficiente: II.

Arriba/abajo

Beneficios

Fortalece los oblicuos, los muslos, las caderas, las nalgas y los músculos de la espalda.

Instrucciones

1. Túmbate sobre el lado izquierdo, con la cabeza apoyada en el brazo de ese mismo lado y las piernas juntas. Las piernas pueden estar ligeramente adelantadas respecto al cuerpo, pero no anguladas como en Adelante/atrás. Apoya el brazo derecho en el suelo y utilízalo a modo de caballete. Inspira antes de iniciar el movimiento.

2. Exhala mientras tiras de los abdominales hacia la columna para estabilizar el torso, y eleva un poco la pierna derecha hasta una distancia levemente superior a la anchura de las caderas, manteniéndola estirada y tirando ligeramente con los dedos de los pies. Mantén las caderas alineadas y estables.

3. Eleva la pierna izquierda hasta que presione contra la derecha. Luego, lentamente, mientras inspiras, baja las dos piernas sin perder el equilibrio ni la postura.

4. Repite la secuencia de cinco a diez veces y luego repite el ejercicio con el lado opuesto del cuerpo. A continuación, realiza el ejercicio Posición del niño de la página 144.

ARRIBA/ABAJO

Figura 8.13

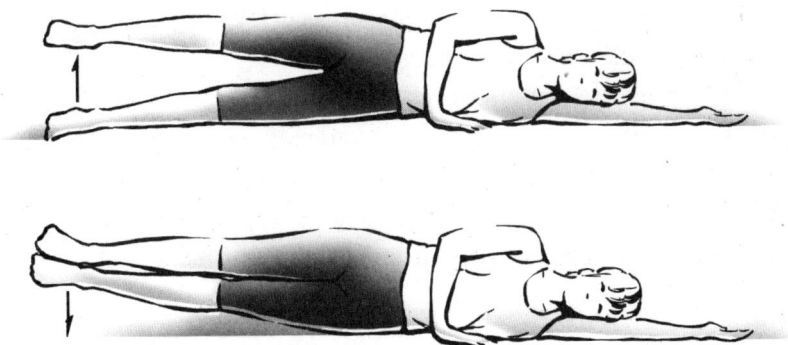

Consejos y modificaciones

- Intenta hacer este ejercicio con el cuerpo un poco fle-xionado a la altura de la cintura, al igual que en el paso 1 de Adelante/atrás.
- Debería quedar un pequeño espacio entre la cintura y el suelo. Si lo deseas, puedes colocar un pequeño co-jín debajo de la cintura para disponer de un soporte mayor.
- Mantén el brazo apoyado en el suelo y el hombro re-lajado.
- Mantén la estabilidad tirando constantemente de los abdominales hacia la columna vertebral y contrayen-do la cara interior de los muslos.
- No olvides extender las piernas.
- La cabeza debe estar apoyada en el brazo durante todo el ejercicio.

Precauciones: Ve con cuidado si tienes problemas lum-bares.

Coeficiente: II.

Natación

Beneficios

Proporciona un adiestramiento cerebral cruzado-lateral que facilita el trabajo conjunto de los hemisferios derecho e izquierdo, mejorando la coordinación. Fortalece y estira los músculos de la columna. Fortalece la cara anterior de las piernas, las nalgas y los abdominales.

Instrucciones

1. Túmbate en tendido prono, apoyando la frente en una toalla doblada. Esta posición mantiene la nuca en posición neutra y evita sobrecargas. Extiende los brazos por encima de la cabeza, con la palma de las manos hacia abajo. Luego, haz girar los antebrazos, manteniéndolos siempre apoyados en el suelo, de tal modo que los pulgares queden apuntando hacia el techo. Este movimiento sitúa los hombros en una posición más neutra para realizar el ejercicio.

2. Tira de los abdominales hacia la columna para estabilizar el torso, y presiona las caderas y el hueso púbico contra el suelo. Siempre con la frente apoyada en la toalla y los hombros tirando hacia abajo, inspira mientras elevas el brazo derecho y la pierna izquierda unos cuantos centímetros del suelo. Extiende bien las puntas de los dedos de las manos y de los pies.

3. Al exhalar, baja el brazo y la pierna derechos, y luego eleva el brazo y la pierna izquierdos, extendiendo de

NATACIÓN

Figura 8.14

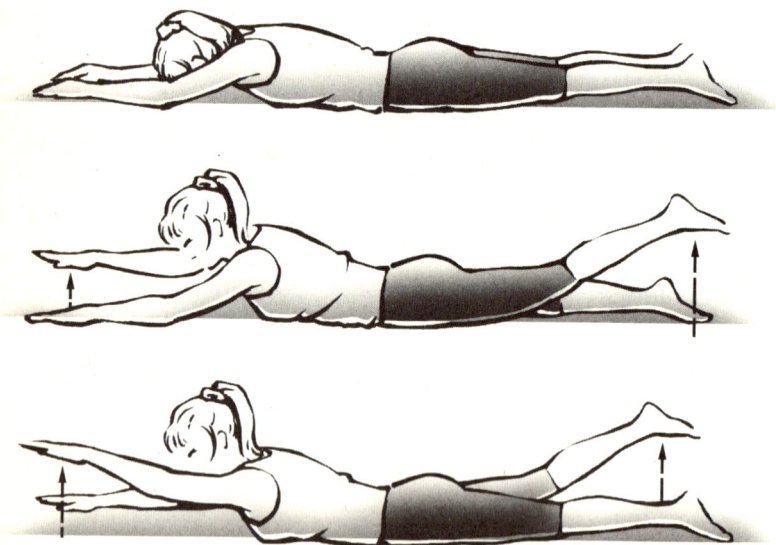

nuevo las puntas de los dedos de las manos y los pies. Repite esta secuencia de cinco a diez veces, inspirando hasta la cuenta de cinco y exhalando hasta la cuenta de otros cinco. A continuación, realiza el ejercicio Posición del niño de la página 144.

Consejos y modificaciones

- Para aumentar la dificultad, eleva el esternón del suelo al levantar el brazo y la pierna. Mira hacia el suelo para proteger la nuca.
- Mantén las caderas pegadas al suelo y los abdominales tirando hacia la columna para soportar la región lumbar.
- Si las instrucciones de respiración te resultan demasiado difíciles, respira con normalidad durante todo el movimiento.

Precauciones: Ve con cuidado si tienes problemas lumbares.

Coeficiente: II.

Posición del niño

Beneficios

Relaja y estira la región lumbar. Es muy adecuado hacerlo después de los ejercicios que aumentan la extensión de la región lumbar.

Instrucciones

1. Arrodíllate en el suelo y siéntate sobre los talones.

2. Baja el pecho hasta los muslos y apoya la frente en el suelo, utilizando los abdominales para controlar el movimiento y los brazos para soportar el peso corporal. Deja que los brazos se estiren al frente, con las palmas apoyadas en el suelo.

3. Desplaza los brazos hacia los costados y apóyalos en el suelo, con las manos cerca de los pies y las palmas hacia arriba. Descansa en esta posición, respirando con la caja torácica, no con el abdomen. Percibirás una extensión en las costillas y un suave estiramiento de los músculos a su alrededor.

Coeficiente: I.

POSICIÓN DEL NIÑO

Figura 8.15

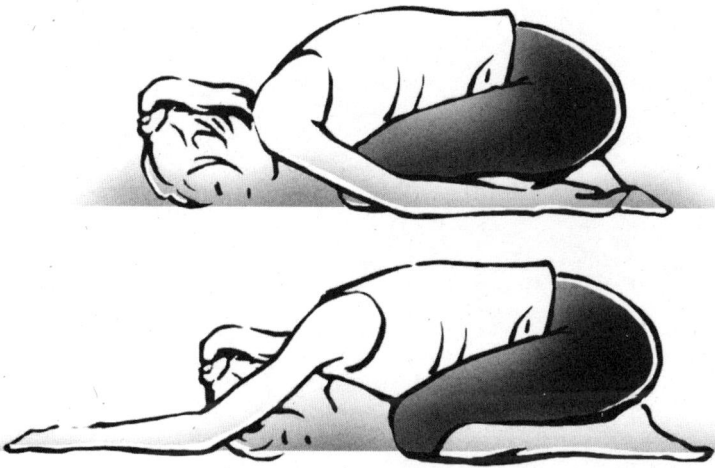

9

Tu viaje Pilates

Ahora que comprendes los fundamentos de los ejercicios y las filosofías del método Pilates, ya estás listo para emprender tu propio viaje Pilates. Confío en que hayas aprendido una nueva forma de considerar el ejercicio físico que te haga sentir más capaz de controlar tu cuerpo y tu rutina de fitness.

Pilates es el ejercicio moderno perfecto. Está focalizado y es eficaz. Tanto si eres una persona ocupada, un viajero empedernido o alguien a quien no le apetece ir a un gimnasio o gastarse un montón de dinero en aparatos gimnásticos para hacer ejercicio en casa, el método Pilates te proporciona un trabajo estimulante que se adapta a tus necesidades individuales.

A medida que vayas progresando con la rutina del método Pilates, irás adquiriendo la suficiente disciplina y autocontrol como para cambiar tu vida.

Con el tiempo y la práctica serás más fuerte, más flexible y adelgazarás, y con tu nueva fuerza física aumentará tu energía, tu confianza y tu gracilidad de movimientos.

Pon un poco de Pilates en tu vida y recuerda el lema del creador del método: «El fitness físico constituye el primer requisito de la felicidad».

Direcciones útiles

Si estás buscando un instructor diplomado en el método Pilates, puede solicitar información en:

ESPAÑA
Barcelona   Esperanza Aparicio Romero y Javier Pérez Pont
Profesores Certificados en The Pilates Studio® of Body Conditioning, New York
Castanyer, 23, 08022 Barcelona
Tel.: (93) 418 42 12
info@artecontrol-pilates.com
www.artecontrol-pilates.com

Madrid   Estudio de Lara Fermín, instructora
Magallanes, 28, 1.° A, 28015 Madrid
Tel. / fax: (91) 594 38 63

Estudio Pilates
General Varela, 33, 28020 Madrid
Tel. / fax: (91) 572 01 09

AMÉRICA DEL SUR
Santiago de Chile Francisca Molina, instructora
Nueva Costanera 1076, Santiago de Chile
Tel. / fax: (562) 228 71 33

TERAPIAS NATURALES

Títulos publicados:

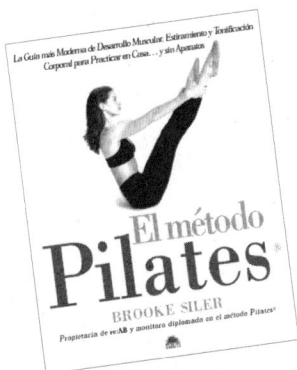

EL MÉTODO PILATES

La guía más moderna de desarrollo muscular, estiramiento y tonificación corporal para practicar en casa… y sin aparatos

BROOKE SILER

192 páginas
Formato: 19,5 x 24,5 cm
Manuales para la salud 6

ZUMOS, JUGOS, TÉS Y BATIDOS PARA SU SALUD

ANITA HIRSCH

240 páginas
Formato: 17 x 24 cm
Manuales para la salud 8

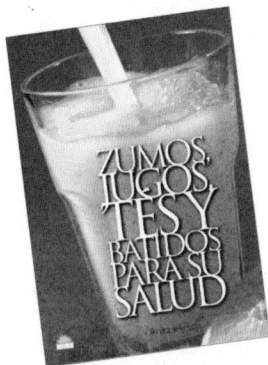

YOGA PARA ALIVIAR EL DOLOR DE ESPALDA

Ejercicios suaves y efectivos para mantener una espalda sana

STELLA WELLER

204 páginas
Formato: 19,5 x 24,5 cm
Manuales para la salud 11

CONSEJOS PRÁCTICOS Y SENCILLOS PARA MANTENER UNA ESPALDA SANA

ANN MCNEIL

176 páginas
Formato: 13,3 x 21 cm
Manuales para la salud 13

AROMATERAPIA PARA LAS CUATRO ESTACIONES

Cientos de sugerencias que te introducirán en un mundo de sensaciones placenteras
JUDITH FITZSIMMONS Y PAULA M. BOUSQUET

208 páginas
Formato: 19,5 x 24,5 cm
Libros singulares

BELLEZA NATURAL CON PRODUCTOS NATURALES

Elabora tus propios productos de belleza con plantas y flores sin salir de casa
JANICE COX

264 páginas
Formato: 19,5 x 24,5 cm
Libros singulares

CÓMO DESINTOXICAR LA MENTE, EL CUERPO Y EL ESPÍRITU

Sugerencias par establecer hábitos más saludables
JANE SCRIVNER

216 páginas
Formato: 19,5 x 24,5 cm
Manuales para la salud 12

EL BALNEARIO EN CASA

Guía completa para alcanzar la salud y la belleza física y espiritual
KALIA DONER Y MARGARET DONER

224 páginas
Formato: 13,1 x 21 cm
Terapias naturales 9

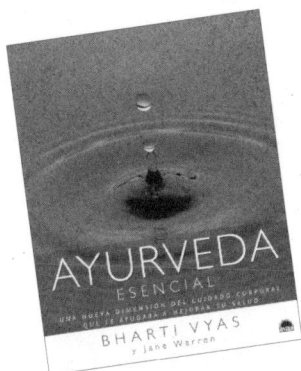

AYURVEDA ESENCIAL
*Una nueva dimensión del cuidado corporal
que le ayudará a mejorar su salud*
BHARTI VYAS Y JANE WARREN

240 páginas
Formato: 19,5 x 24,5 cm
Libros singulares

MEDITACIÓN PARA PRINCIPIANTES
*Cómo mitigar el estrés, calmar la mente
y renovar la energía*
JOEL Y MICHELLE LEVEY

192 páginas
Formato: 19,5 x 24,5 cm
Libros singulares

**EL GRAN LIBRO DE LOS JUEGOS
PARA ALIVIAR EL ESTRÉS**
*Un enfoque divertido e innovador
de las técnicas de relajación*
ROBERT EPSTEIN

216 páginas
Formato: 19,5 x 24,5 cm
Libros singulares

RESPIRAR BIEN PARA VIVIR MEJOR
*Aprenda a combatir definitivamente el estrés,
la ansiedad y el cansancio*
STELLA WELLER

160 páginas
Formato: 13,1 x 21 cm
Terapias naturales 10

APRENDER A RELAJARSE
Descubra cómo eliminar el estrés
y controlar las emociones negativas
MIKE GEORGE

160 páginas
Formato: 16,5 x 23,5 cm
Libros ilustrados

APRENDER A DORMIR BIEN
Estrategias infalibles para combatir
el insomnio
CHRIS IDZIKOWSKI

160 páginas
Formato: 16,5 x 23,5 cm
Libros ilustrados

APRENDER A DESCUBRIR LA PAZ INTERIOR
Guía ilustrada para alcanzar
la iluminación interior
MIKE GEORGE

160 páginas
Formato: 16,5 x 23,5 cm
Libros ilustrados

APRENDER PENSAMIENTO POSITIVO
Estrategias para cambiar las pautas
de pensamiento
CATERINA RANDO

160 páginas
Formato: 16,5 x 23,5 cm
Libros ilustrados